David Kaufmann

Jehuda Halewi

Versuch einer Charakteristik

David Kaufmann

Jehuda Halewi
Versuch einer Charakteristik

ISBN/EAN: 9783743610729

Hergestellt in Europa, USA, Kanada, Australien, Japan

Cover: Foto ©Thomas Meinert / pixelio.de

Manufactured and distributed by brebook publishing software
(www.brebook.com)

David Kaufmann

Jehuda Halewi

Jehuda Halewi.

Versuch einer Charakteristik.

Von

Dr. David Kaufmann.

Breslau 1877.

Schletter'sche Buchhandlung

E. Franck.

VORWORT.

Wenn ich mich entschlossen habe, die nachfolgenden Blätter die meinen Abschiedsvortrag bei der Entlassungsfeier aus dem jüdisch-theologischen Seminar zu Breslau am 28. Januar 1877 enthalten, auf vielfache Aufforderung der Oeffentlichkeit zu übergeben, so geschieht es in der Ueberzeugung, dass jeder Beitrag, der auf die immer noch allzuwenig gekannte Persönlichkeit Jehuda Halewi's hinzuweisen geeignet ist, an sich schon eine gewisse Berechtigung hat. Allein diese Erwägung würde mich noch nicht bestimmt haben, ohne Noth das über den seltenen Mann Vorhandene zu vermehren, wenn mich nicht die Hoffnung erfüllte, dass manche meiner Bemerkungen dem Kenner der Beachtung und weiteren Untersuchung nicht unwerth erscheinen dürfte. Ich war bemüht, in derjenigen Kürze und Auswahl, welche die Form mir auferlegte, Alles beizubringen, was sich nach dem gegenwärtigen Stande der Wissenschaft über den vorliegenden Gegenstand behaupten oder annehmen lässt. Theils zum Behufe übersichtlicher Literaturnachweise, theils aber auch zur Bekräftigung des neu Ermittelten oder Vermutheten habe ich bei der Veröffentlichung meiner Arbeit die Anmerkungen hinzugefügt und grössere Nachweisungen in den Anhang verwiesen. Wie ich hoffe, haben die Anmerkungen auch hier ihrem Zwecke entsprochen, dem Vermuthen einen Zügel anzulegen und nur so weit das Ausgeben von Behauptungen zu gestatten, als Baargeld der Begründung in ihnen vorhanden ist.

Wie dürftig und mangelhaft der Versuch, Jehuda Halewi's Leben und Wirken darzustellen, heute noch ausfallen muss, darüber kann der am wenigsten einer Täuschung sich hingeben, der selbst an die Prüfung der Quellen für eine solche Arbeit herangetreten

1*

ist. So lange nicht die Schmach von der jüdischen Literatur genommen sein wird, dass die Divane Jehuda Halewi's und Mose ben Esra's, anderer handschriftlich verborgener Hülfsmittel ganz zu geschweigen, in den Handschriftensammlungen der europäischen Bibliotheken vergraben und nur theilweise bekannt sind, kann keine Untersuchung in diesem Gebiete auf Vollständigkeit rechnen. Dankbar sei hier Samuel David Luzzato's (geb. in Triest am 22. August 1800, gest. in Padua am 30. September 1865) gedacht, der mit sorgfältigem Verständniss und kindlichem Gemüthe fast Alles gespendet hat, was wir aus dem Liederschatze Jehuda Halewi's an Veröffentlichungen besitzen und dessen Tod als ein empfindlicher Verlust für unseren Dichter zu beklagen ist! Wenn erst alle Leistungen des grossen Castiliers und seiner Freunde uns vorliegen werden, dann wird die Zeit für eine neue und vertieftere Darstellung seines Wesens gekommen sein, die, wie sicher zu hoffen steht, an Aufschlüssen und Angaben über seine Verhältnisse und Beziehungen reicher sein wird als die meine.

Ich war genöthigt, im Verlaufe der Arbeit zuweilen auf zwei noch nicht erschienene Schriften hinweisen zu müssen. Die eine ist Adolf Neubauer's Catalog der Oxforder jüd. Handschriften, dessen Correcturbogen, soweit sie die Divane behandeln, mir durch seine Güte zur Benutzung vorgelegen haben. Die andere ist meine demnächst im Verlage von Friedrich Andreas Perthes in Gotha erscheinende Arbeit: „Geschichte der Attributenlehre in der jüdischen Religionsphilosophie des Mittelalters von Saadja bis Maimûni", worin ich den Gottesbegriff Jehuda Halewi's in einem besonderen Abschnitte behandle.

Möchte es mir gelingen, in weiteren Kreisen auf den Mann aufmerksam zu machen, der, wie er eine der bedeutendsten Erscheinungen des Mittelalters überhaupt war, für das jüdische Volk als ein besonderes Gnadengeschenk der Vorsehung zu betrachten ist!

Breslau, 16. März 1877.

David Kaufmann.

Wenn ich heute, wo es mir vergönnt ist, von dieser Stätte herab im Namen meiner Freunde zu sprechen, die mit mir an diesem Tage aus dem äusseren Verbande dieser Anstalt scheiden, Jehuda Halewi zum Gegenstande meiner Abschiedsworte erwählt habe, so bin ich damit nicht einem blossen Belieben, sondern dem Drange meines Herzens gefolgt; es ist die Vollführung eines Lieblingsgedankens, dem ich gern und mit Erquickung nachzuhängen pflegte. Und wer wäre auch geeigneter, hier im Bilde vorgeführt zu werden, da es sich darum handelt, auf einen jener Licht und Wärme ausstrahlenden Brennpunkte hinzuweisen, in denen Religion und Judenthum in ihrer höchsten Kraft zusammengefasst sind, als eben der Mann, den man nicht anders denn eine Offenbarung des religiösen Genie's und als die herrlichste Blüthe des jüdischen Geistes bezeichnen kann! Nach den edelsten Pflanzen, die sie hervorbringen, preist man die Gegenden, weil jene in ihrem Gedeihen ein Zeugniss ablegen für die Fettigkeit ihres Standorts, für die Milde des Himmels, der sich über ihnen wölbt und die Kraft der Besonnung, die ihnen zu Theil wird. So kennzeichnet man auch die Völker nach den höchsten Vertretern ihres Geistes, weil ihre Eigenart mit Allem, was Schönes und Grosses daran zu rühmen ist, sich in ihnen gleichsam verkörpert. Wenn in diesem Sinne Frankreich auf Voltaire wie auf den abgekürzten Ausdruck seines Volksgeistes hinweist, wenn man aus demselben Grunde die Deutschen das Volk Lessings nennt, so kann mit gleichem Rechte das Judenthum des Mittelalters von sich rühmen: Ich habe Jehuda Halewi geboren. Wenn aller Schmerz und alle Sehnsucht, wenn alle Innigkeit und alles Vertrauen, wenn Alles, was die jüdische Volksseele in ihren namenlosen Leiden bewegt, erfüllt und getröstet hat, wenn alles Dies fassbare Gestalt angenommen hätte, nicht wäre Reineres und Höheres zu Tage getreten, als

der Herrliche, den ich nicht anstehe, den reichsten und tiefsten
Geist des jüdischen Mittelalters zu nennen. Wohl mag Gabirol
ihn überragen an himmelstürmender philosophischer Kraft, Mûsa
Maimûni ihn verdunkeln durch Weite des Wissens und Schärfe
des Denkens, aber er allein ist die ganze Persönlichkeit, die ihr
Fühlen denkt und ihr Denken gelebt hat, unvergleichlich an
Fülle neuer Gesichtspunkte, unerreicht an Höhe der Ideen, an
hinreissender Macht. Und wenn wir der Schatten bedürfen, um
seine reine Lichtgestalt abzugränzen und hervortreten zu lassen,
so können wir sie in ihm selber nicht entdecken, wir müssen
sie den Zeitverhältnissen entlehnen, in denen er gelebt hat.

Wie es so vielfach in der Weltliteratur vorkommt, dass
gerade das Leben der bedeutendsten Dichter in ein undurch-
dringliches Dunkel gehüllt ist, als sollte Alles, was von ihnen
der Nachwelt angehört, nur Genuss und Erhebung ausströmen,
so sind auch bei Abu-l Hassan Jehuda ben Samuel Halewi[1])
nur spärliche Anhaltspunkte zur Herstellung seines Lebensbildes
auf uns gekommen. Er ist zu Toledo[2]) am Tajo in Südcastilien
geboren. Wahrscheinlich fällt seine Geburt in das letzte Viertel
des eilften Jahrhunderts und vielleicht mit dem Zeitpunkte
zusammen, da Alfonso VI.[3]) seine Heimathstadt erstürmte. Am
25. Mai des Jahres 1085 hielt der tapfere Christenkönig seinen
Einzug in das prächtige Toledo, nachdem es 373 Jahre unter
der Herrschaft der Saracenen glücklich gewesen. Es wurde zur
Residenz und zum Sitze des erzbischöflichen Primats erhoben
und blieb trotz der unglücklichen Schlachten von Salaka[4]) und
Ucles[5]) fortan im Besitze der Christen. Aber die Lage der

---

[1]) Seinen arabischen Namen Abu'l Hassan ibn Allâwi haben uns
Mose ben Esra in der Poetik (Steinschneider's Cat. Bodl. p. 1801—2)
und Jeschuah ben Eliahu, der Sammler von J. H.'s Poesieen (Geiger,
Divan S. 169, 171) überliefert. Der Name des Vaters Samuel erscheint
zuweilen akrostichisch in den Gedichten des Sohnes (Sachs, die religiöse
Poesie der Juden in Spanien, Originale S. 28, 32). Eine Uebersicht
über die Akrosticha gewährt Landshuth, Amude Ha-Aboda I, p. 69 ff.

[2]) Ueber Ort und Zeit seiner Geburt vgl. Anhang I.

[3]) Vgl. Aschbach, Geschichte Spaniens und Portugals zur Zeit der
Herrschaft der Almoraviden und Almohaden I, 63, Schäfer, Geschichte
von Spanien II, 374 und Dozy, Histoire des Musulmans d'Espagne IV, 194.

[4]) Am 23. October 1086 nach Dozy a. a. O. IV, 207, Aschbach 86 f.
Schäfer 385 ff.

[5]) Am 30. Mai 1108 (Aschbach 127 f., Schäfer 403 f.)

Juden wurde dadurch nicht verschlimmert. Alfonso war klug genug, sich ihrer aufs Glücklichste zu bedienen und von dem Papste Gregor VII., der dem deutschen Kaiser Heinrich IV. Canossa bereitet hatte, sich die Rüge gefallen zu lassen, dass unter seiner Regierung „Juden über Christen Gewalt ausüben" [1]. In der Stadt, die nach einer alten Sage jüdische Exulanten [2] gegründet, blieb auch jetzt ihre religiöse Unabhängigkeit ihnen gewahrt, ihr Recht an Grund und Boden [3] unverkürzt, wie es die Araber ihnen zugestanden hatten. Jüdischen Diplomaten wurden die wichtigsten Staatsgeschäfte anvertraut und der schlaue Alfonso konnte dem Morabitenführer Jussuf ibn Teschufin 1086 vor der Schlacht von Salaka erklären, er dürfe am Sabbat der Juden [4] wegen, die in seinem Heere dienten, keine Schlacht annehmen. Dafür ward er auch von den jüdischen Würdenträgen seines Reiches mit aufopfernder Hingebung bis an sein Ende unterstützt. Man sah wohl ein, dass man, solange die Macht des Islam [5] noch nicht völlig auf der Halbinsel gebrochen war, mit den Juden sich verhalten müsse. Freudlos, durch Verfolgungen seiner Glaubensgenossen verbittert, scheint also die Jugendzeit Jehuda Halewi's nicht gewesen zu sein. Eine erbgesessene Cultur, wie die andalusische es in Toledo war, wird vom Sieger, selbst wenn er es wollte, nicht mit einem Schwertstreich beseitigt, aber Alfonso wollte dies nicht einmal. Man blieb in allen Fragen des Wissens und Geschmackes nach wie vor von den Arabern abhängig, deren Einfluss von dem christlichen Toledo [6] aus erst wahrhaft das gesammte Abendland zu beherrschen anfing. Arabisch war die Wissenschaft, arabisch waren die

---

[1] S. Cassel in Ersch und Gruber II. Bd. 27 S. 209 und Grätz, Geschichte der Juden VI, 89.

[2] Sachs a. a. O. S. 256 A. 1. Vgl. auch über Toledo Zunz, Zeitschrift I, 148 f.

[3] Auf die Bedeutung dieser Thatsache für den Charakter der spanischen Juden hat Selig Cassel a. a. O. S. 213 aufmerksam gemacht.

[4] Dozy IV, 204 A. 2, Schäfer a. a. O. S. 384, Grätz VI, 91—92, Sachs a. a. O. S. 266, A. 1. Ueber die Stellung der Juden unter Alfonso VI. vgl. auch Kayserling, Sephardim S. 7—8.

[5] Den Gesichtspunkt, dass die Bedrückung der Juden durch die Christen im Verhältniss zu der Schwächung der Moslimen auf der Halbinsel stärker wurde, hat S. Cassel a. a. O. S. 210 geltend gemacht.

[6] Vgl. hierüber A. F. von Schack, Poesie und Kunst der Araber in Spanien und Sicilien II, 95 ff. und über den Aufschwung Toledo's ib. 101 ff.

Muster, an denen die Dichter[1]) sich bildeten, die Sänger sich schulten; nur trat die castilische Sprache durch den christlichen Eroberer mehr in den Vordergrund. Die Entwickelung Jehuda's hat Heinrich Heine[2]) gedichtet, die Geschichte hat nichts darüber aufbewahrt. Es ist nach dem Bildungsgange jener Zeit anzunehmen, dass er von zarter Kindheit an in die Religionsurkunden seines Volkes und in das talmudische Schriftthum eingeweiht wurde. Sicher ist, dass er zu jenen frühgeweckten Geistern, gehörte, an denen die Geschichte des jüdischen Stammes so reich ist, und, halb Knabe noch, durch seine wunderbare poetische Begabung ältere Sangesgenossen in Erstaunen setzte. Abu Harun Mose ben Esra[3]), der leidgeprüfte Dichter aus Granada, der ihm die erste Weihe der Poesie ertheilt zu haben scheint, beantwortet die ersten Gesänge des eben aufblühenden Genie's mit dem begeisterten Lobe:

> Du Jüngling noch, du lieber Sohn,
> Wie ist's, dass du ein Weiser schon,
> Schon in des Wissens Tiefen drangst
> Zu solcher Höh' empor dich rangst? —
> Nun ich im Geiste dich erschaut,
> Bleibst meinem Herzen stets du traut. (Geiger.)[4])

---

[1]) Die Nachweise der unläugbaren Einwirkung, welche die arabische Poesie dauernd auf die spanische geübt hat, s. bei v. Schack ib. 103—150.

[2]) In seinem Fragment Jehuda ben Halevy Dichtungen IV, 196—201.

[3]) Vgl. die Auszüge aus seinem Divan bei Luzzato in Kerem Chemed IV, 82—95 und über sein Leben und Leisten Dukes, Moses ben Esra S. 1—32, Sachs a. a. O. S. 276—286, Geiger, Divan S. 131 ff. Zunz, Syn. Poesie S. 228 ff., Literaturgeschichte der synagogalen Poesie S. 202 f., 614, Grätz VI, 134—39. Werthvolle Mittheilungen aus seiner Poetik verdanken wir Munk, Notice sur Abou'l-Walid Merwan Ibn-Djana'h p. 58 A. 1, 65, 96 A. 1, 108 A. 1 u. a. und Steinschneider im Cat. Bodl. 1801, 1812 u. a. Ueber seinen Lehrer Isak ibn Giat hat er selbst geurtheilt ib. p. 1111. J. H. äussert es öfters, wie viel er dem älteren Freunde verdanke, z. B. Ozar Nechmad ed. Blumenfeld I, 165: אני עבדו ובן חסדו, III, 43: עבדתיך שני ילדות ושחרות ועוד עבדך לשני נבורות. Die Beschreibung seines Divans s. in Neubauers Catalog p. 660—668.

[4]) Divan S. 15, 120. Das hebräische Original, das Luzzato Kerem Chemed IV, 86 auszüglich, Dukes a. a. O. S. 98 f. vollständig mitgetheilt, lässt die zarte Jugend, in der Jehuda noch damals gestanden, deutlicher erkennen:

אך בן נדם וצעיר שנים יומם הרי בן על נבו
או על ימים ידוף רמם ובעד נשר הוא ובאב:

Es spricht manches für die Vermuthung, dass er in Lucena,[1]) der fast ausschliesslich jüdischen und damals als reichste der Judenheit geltenden Stadt, im Lehrhause des hochbetagten Isak Alfâsi[2]) in der Talmudkenntniss ausgebildet wurde. Wenigstens hat dieser im Jahre 1103 verstorbene Meister in ihm einen Herold seines Nachruhms[3]) gefunden. Auch die Freundschaft mit Josef ibn Migasch, dem hervorragendsten Jünger und Nachfolger Alfâsi's, zu dessen Hochzeit Jehuda ein feuriges Lied[4]) gedichtet, und mit Baruch Albalia, dem Sohne des Astronomen und selber kenntnissreichen Philosophen[5]), scheint darauf hinzudeuten, dass alle drei ursprünglich als Collegen der Schule Alfâsi's[6]) angehörten.

Man merkt es an dem stetig sich erweiternden Kreise bedeutender Freunde, zu denen die ersten Dichter und Denker seiner Zeit zählen, dass man früh auf den sangreichen Castilier aufmerksam geworden war. Wohl hatte man auch vor ihm hebräisch gedichtet, schon leuchtete mit ernstem Scheine als unvergänglicher Stern Salomon Ibn Gabirol am Himmel jüdischer Dichtung, und dennoch war es eine neue Erscheinung, was die Zeitgenossen in Jehuda's Auftreten begrüssten. Steht noch der Tempel oder

---

[1]) Edrisi (Géographie traduite de l'arabe en français par Jaubert II, 54) berichtet von Lucena: Les Juifs habitent l'intérieur de la ville et n'y laissent pas pénetrer les Musulmans. La population (je veux dire les Juifs) y est plus riche qu'en aucun des pays soumis à la domination musulmane; elle y est à l'abri de toutes entreprises hostiles. Vgl. auch über Lucena Zunz, Zeitschrift I, 137 f., die synagogale Poesie des Mittelalters S. 21 und Sachs a. a. O. S. 256 A. 1.

[2]) Vgl. über ihn Grätz VI, 76 f., 92—94 und 115 f.

[3]) Vgl. die Uebersetzung seiner Grabschrift bei Geiger a. a. O. S. 43, 144.

[4]) S. Luzzato, Virgo filia Jehudae p. 37—39 und Geiger S. 25. Ueber Ibn Migasch vgl. Grätz VI, 127 ff. Vgl. auch Anhang I.

[5]) Zur Feier der Geburt seines Sohnes Isak hat J. H. ein Lied gedichtet, das Luzzato als sein frühestes, das Werk eines Dreizehnjährigen, — vgl. dagegen Anhang I. — Virgo p. 25 mitgetheilt hat. Ueber Isak Albalia s. Grätz VI, 72 ff., 93 f. Von Baruch Albalia überliefert sein Neffe und Schüler Abraham ibn Daud (הקבלה ספר ed. Amsterdam 1711 f. 46a): הזה.רב ברוך זה יודע חכמת יונית מוסף על תודתו וחכמתו. Auf den Ende Elul 1126 erfolgten Tod Baruchs (ib.) hat J. H. ein Klagelied gedichtet, von dem ein Theil bei Geiger, Divan S. 118 veröffentlicht ist. Mose ben Esra's Elegie s. bei Grätz, Blumenlese p. 64 ff.

[6]) Vgl. Grätz VI, 141.

ist einer von Zions lieblichen Sängern wiedergekehrt, so fragte
man sich verwundert, als seine ersten schmetternden Töne hin-
ausdrangen in die Gemeinden Spaniens [1]). Weil er an das Leben
seines Volkes glaubte, darum war wie eine Gewähr seiner Unver-
gänglichkeit die Sprache der Propheten mit Jugendkraft in ihm
auferstanden. David lieh ihm seinen Zauber, Jeremia seine Klage
und Jesaja sein Feuer. Das gemünzte Gold des heiligen Sprach-
guts war flüssig geworden in der Gluth seiner Dichterseele,
bereit und schmiegsam, in goldreinen Formen wiederzugeben, was
als Bild vor seinem geistigen Auge war aufgestiegen. Kein
ungeschmolzenes Stück führte der frische Guss, und wenn es ihm
einmal gefiel, unverändert eine Bibelstelle einzustreuen, dann war
sie der Edelstein, der die Goldfassung des Geschmeides unterbricht,
um seinen Glanz und Werth zu erhöhen. Als wären sie längst
zu Hause gewesen von Berseba bis Dan, so leicht und anmuthig
bewegten arabische Weisen [2]) die alte Sprache Zions und Zadschal
und Muwaschah [3]), das Klang- und Gürtelgedicht, mit ihrer ver-
schwenderischen Reimfülle offenbarten unter Jehuda's Meisterhand
den ungeahnten Reichthum an Bild und Wort, aus dem die
Sänger der Psalmen geschöpft. Bald wie Wogenkämme, welche
die aufgeregte Brandung krönen, bald saftschwellenden Um-
hegungen vergleichbar, die reichbestandene Blumenbeete sondern,

---

[1]) Kein Geringerer als Mose ben Esra rühmt von ihm, dass Ethan,
Haman und der Chor der Leviten auf seine Lieder stolz sein würden
oder: Lernten fremder Völker Zungen
           Jemals seine Weisen kennen,
           Gerne sie sich selbst vergässen
           Nur um Juda ihr zu nennen. (Kerem Chemed IV, 87.)
[2]) Ueber J. H.'s Anwendung der arabischen Metra Basit und Mu-
takârib vgl. Kämpf, Nichtandalusische Poesie andalusischer Dichter
II, XVII f. Vgl. auch Derenbourg im Journal asiatique 1865 II, p. 275 A. 2.
[3]) v. Schack a. a. O. II, 52 A. 2 und 120 verzichtet darauf, einen
charakteristischen Unterschied beider Dichtgattungen feststellen zu
wollen. Nr. 80 im Divan (ed. Luzzato, Lyck 1864) ist ein Zadschal, das
ganz mit der Schilderung und dem Muster bei Schack ib. 120 ff. über-
einstimmt, Nr. 85 gehört zu der Gattung, die Schack 52 A. 3 be-
schreibt. Beispiele von Muwaschah s. bei Geiger, Divan S. 123 f. und
Ginse Oxford edd. Edelmann und Dukes p. 39—40, die mit dem Muster
bei Schack S. 56 übereinstimmen. Beide Formen sind in Spanien erfunden
ib. 51 und 120. Vgl. auch Gayangos, History of the Mohammedan
dynasties in Spain I, 118 und 408 A. 14 und Ginse p. 64—65.

so erscheinen die Reime in diesen bald heiter belebten, bald feierlich stimmungsvollen Gedichten. Der entlegenste Eigenname [1] des alten Schriftthums ist ihm gegenwärtig, der verborgenste Ausdruck, er weiss ihn zu benutzen. So hatte er das neben dem Genius wichtigste Rüstzeug zu poetischen Erfolgen, die fügsame Sprache. Wohl mag es den Aussenstehenden an das müssige Räthsel von dem Raphael ohne Hände gemahnen, wenn er von einem gottbegnadeten Sänger hört, dem es auferlegt ist, in einer todten Sprache zu dichten. Aber die heilige Sprache ist lebendig und Jehuda Halewi war ein glücklicher Dichter. Denn wenn selbst ein Himmel entsprossener wie Göthe über die Hindernisse klagt, welche die Sprödigkeit seiner Muttersprache ihm in den Weg gelegt, so ist ihm die Klage erspart geblieben, dem für alle Töne seiner Brust der alte sprachbildende Trieb seines Volkes das köstlichste Wort vorhergeschaffen hatte. Und weil an Innigkeit des Gefühlsausdruckes, an Reichthum der Farben für Lust und Leid, für Liebe und Schmerz keine Sprache der hebräischen gleicht, darum kann selbst die gelungenste Nachbildung seiner Lieder nur eine Ahnung von ihrer Schönheit vermitteln.

Es waren heitere Weisen, die zunächst der alten Zionsharfe entlockt wurden. Wir können von einer Jugend unseres Dichters sprechen, denn er hatte nicht den weltflüchtigen Sinn, die mimosenhafte Scheu Gabirols, der von Zweifeln zerrissen, von Verfolgern sich umstellt sah, nicht Mose ben Esra's düstere Schwermuth und bittere Lebenserfahrung, er war einst mit offenen Sinnen an das Weltwesen hingegeben und gern dabei, mit Maass in vollen Zügen das Leben und seine Freuden zu schlürfen. Er sang von Wein und von Liebe, aber nicht wie die Anderen auch, sondern auch hier wie der inneren Nothwendigkeit folgend, als könnte es gar nicht anders sein. Leicht und frisch, bald wie hingehaucht und lispelnd, bald kühn und stürmisch, hier anmuthig neckisch, spitz und scherzhaft, dort zauberhaft schmelzend, von unnachahmlicher Süssigkeit, so klingt sein Liebeslied. Wohl fliegen die Pulse, wohl zuckt Feuer der Leidenschaft zuweilen durch sein Gedicht, aber die Weihe, die ihn adelt, verlässt ihn auch hier nicht, wie wenn er in einem Hochzeitsgesang der Braut zuruft:

---

[1] Vgl. z. B. Divan Nr. 74 Z. 7 und 12, Nr. 75 Z. 3.

Lass strömen die Lippe, die Funken sprüht,
Erquickung auf ihn, der in Liebe erglüht;
Die Flamme, die Herz ihm und Busen durchwühlt,
Sie werde mit Wein deines Mundes gekühlt. (Geiger.)[1])

Aber nie hat er dem Umgestüm der Leidenschaft sein Wort
geliehen, wie Salomon Ibn Sakbel[2]), das geniale Vorbild der
jüdischen Makamendichter, nie der Lust am Schlüpfrigen gefröhnt,
wie etwa nachmals der übermüthige Immanuel Romi[3]), der
jüdische Freund Dante Alighieri's. Seine Huldigung der Frauen-
schönheit ist voll der edelsten und überraschendsten Bilder; nie
hat er durch Geschraubtheit und Uebertreibung den Geschmacks-
verirrungen der Andalusier nachgegeben, nie in den Locken der
Geliebten die Buchstaben des Alphabets[4]) besungen, wie es
jene thaten, bei denen man oft vor lauter Künstelei und Unnatur
der Vergleiche um den Vergleichungspunkt verlegen ist.

Neben der Liebe galt der Freundschaft sein Gedicht. Mit
Juda ben Abun[5]), mit den Dichtern Levi al-Taban[6]) aus Saragossa,
Juda ben Gajath[7]) aus Granada, den Brüdern[8]) Mose ben Esra's,

---

[1]) Divan S. 24 nach Virgo p. 45 Z. 13 und 14, 18 und 19.

[2]) Seine Makame hat Schorr im Chaluz III, p. 154 ff. zuerst veröffentlicht. Vgl. Kämpf a. a. O. II, 195 ff. und Grätz VI, 133 f.

[3]) Vgl. über ihn Zunz, Gesammelte Schriften III, 158 f., 182 ff. und
sein Urtheil: „Die Nacht, die Immanuels Zeitalter deckte, entfaltet
einen Sternenhimmel, an welchem unter funfzig Lichtern, in erster
Grösse Immanuel leuchtet" (S. 185). Vgl. auch Syn. Poesie S. 311,
318 ff., LG. S. 368.

[4]) Vgl. v. Schack a. a. O. I, 94.

[5]) Vgl. über ihn Geiger, Divan 41, 142 ff., Zunz LG. 216 A. 1,
Grätz VI, 133.

[6]) Vgl. Zunz LG. 217 f., Geiger 40, 142, Grätz VI, 131, Dukes
קדומים נטעי I, p. 14 und 19 A. 28, Steinschneider Cat. Bodl. p. 1616 und
Landshuth, Amude Ha-Aboda II, 154 ff. S. auch Ozar Nechmad II, 81 ff.

[7]) Vgl. Zunz LG. 215 A. 1, Sachs a. a. O. S. 257 f., Kämpf a. a. O.
II, 194, Grätz VI, 133. Vgl. auch das Zeugniss Abraham Bedaresi's
in seinem Chereb Hammithappechet S. 14 A. 80 (hinter Chotam Tochnit
ed. Polak). Ueber Isak vgl. Derenburg in Geiger's W. Z. V, 396 ff.

[8]) Vgl. Luzzatto Virgo p. 18, Grätz VI, 134 f. und Steinschneider
Cat. Bodl. p. 1806 und 1813 Nr. 5. Vgl. auch Neubauers Catalog
p. 642 Nr. 6, Nr. 59, p. 652 Nr. 32.

mit den jüdischen Weziren [1]) Salomo ben Almoallam [2]) aus Sevilla
und Abu - l Hassan Meir Ibn Kamnial [3]) aus Saragossa, um nur
die hervorragendsten zu nennen, scheint ihn bereits in der
ersten [4]) Blüthe seines Lebens ein Bund der Seelen vereinigt zu
haben, wie denn sein grosses Herz sich allezeit in der Fülle
der Freundschaft offenbart, deren es fähig war. Dass er auch mit
seinem Landsmanne Abraham ibn Esra [5]) einen regen Verkehr
gepflogen, ist durch sichere Zeugnisse verbürgt. In welchem
Verhältnisse dagegen diese so gegensätzlich gearteten Männer
zu einander gestanden haben, kann kaum mehr entschieden
werden, wie sich denn auch, weil die Geschichte schweigt, die
Sage desselben bemächtigt hat. Bald der Anerkennung, bald der

---

[1]) Uebor den Titel Wezir vergl. Gayangos I, Appendix p. XXVIII,
Garcin de Tassy Journal asiatique 1854 I, p. 482 und Philoxène Luzzato,
Notice sur Abou-Jousouf Hasdaï Ibn - Schaprout p. 56.

[2]) Vergl. Geiger, Divan 39, 120, 142, 177, Grätz VI, 119 A. 3 und
Cat. Bodl. 1812 f. Dieser und nicht Mose b. Esra (Ginse Oxford p. 18,
Geiger, Divan S. 15) war es, der J. H. das Gedicht עב תשריף auf seiner
Pilgerfahrt durch Granada gewidmet hat, da es auch im מדצה יודה
(s. Neubauer's Catalog p. 643 Nr. 32) die Ueberschrift trägt: וכתב אליה
אלחיר אבו איוב בן אלמטלם אלי מדינה אגרנאטה. Ueber Agarnata-Granada
s. Makkari bei Gayangos I, 43 u. 345 ff. J. H. scheint mit dem Gedichte:
רדה עב כל רדה רוה ארמת (Neubauer p. 642 Nr. 3) geantwortet zu haben.

[3]) Vergl. Geiger S. 43, 145, Grätz VI, 119 A. 5. S. dagegen Zunz
LG. S. 215 A. 4 u. Cat. Bodl. p. 1808—9.

[4]) Abu-l Hassan ben Moril (s. Geiger 44, 147), Isak ben Aljathom
(ib. 45, 148), Salomo b. Crispin (ib. 47, 148, Grätz VI, 135 f.) scheinen
dagegen erst später, etwa zur Zeit der Pilgerfahrt, sich als Freunde
ihm angeschlossen zu haben.

[5]) Vergl. über ihn Grätz VI, 198 ff., über seine Dichtungen Sachs
a. a. O. S. 310 ff., Zunz, Syn. Poesie 237 ff., LG. 207 ff. Seine Stellung
zu J. H. wird weder durch die Bemerkungen Geigers a. a. O. 148 ff.
noch durch die Phantasieen Kämpfs a. a. O. I, 225 ff. und 266 ff. vollständig aufgeklärt. Ueber seine Benutzung des Kusari vergl. im
Register meiner Attributenlehre: Abraham ibn Esra und J. H.
Sollte die Augabe Zacuto's (Juchasin ed. London p. 217 col. 2), dass Beide
Söhne zweier Schwestern gewesen, vielleicht gar auf einem Miss-
verständniss des an Mose ben Esra gerichteten Verses beruhen:
ילדתו בנות ימים פרחים ובת ארבה ילדתני ראומם (Ginse Oxford p. 43)? Der
Versuch Reichersohns (השירת ותקנים Lyck 1866 p. 36 f.), dem auch
Kämpf a. a. O. I, 262 sich nähert, Gedalja ibn Jachja's Fabel, dass
Ibn Esra der Schwiegersohn J. H.'s gewesen, durch ein Gedicht des
Letzteren zu begründen, beruht auf einem Missverständnisse, vergl.
Anhang II.

Ermunterung und dem Trost der Freunde galt Jehuda's Lied, aber nie hat er es für Gleichgültiges entwürdigt, er dachte zu gross von dem Gottesgeschenk der Poesie, als dass sie zum Spiele bei ihm hätte ausarten können. Nie hat er die Verswuth der Andalusier getheilt, bei denen sogar Reisepässe[1]) von Amtswegen in Reimprosa ausgestellt wurden. Wie er aber nicht nur das leichtbeschwingte Lied, sondern auch die herzergreifenden Töne des Schmerzes zu meistern verstand, das bewies er, als sein Freund Salomon ibn Faruzal[2]) am 3. Mai 1108 auf christlichem Gebiet erschlagen wurde. Wie man von Rubens sagt, dass er durch einen Zug das Bild des lachenden Knaben in einen weinenden verwandelte, so musste auch er sein fröhliches Lobgedicht, das er dem Edlen vorbereitet hatte, nach jener Schreckenskunde in eine Todtenklage verkehren, die künstlerisch vollendet und seelenvoll zugleich, markig und hochtönend mit jenem Klagegesang wetteifert, den David auf Jonathan gedichtet. Wohl war das Wort noch nicht ausgesprochen, dass die Muse zu geleiten, doch zu leiten nicht versteht, aber die jüdische Erziehung hat es damals schon und stets bethätigt, und so ward Jehuda Halewi, der wenn jemals einer von Beruf Dichter war, seinem Stande nach ein Arzt[3]). Dass er die grossen griechischen Aerzte in Uebersetzungen und die Meister der arabischen Medicin studirt hat, beweist seine gediegene naturwissenschaftliche Bildung.

---

1) Vgl. v. Schack a. a. O. I, 72.
2) Vgl. Grätz VI, 120, Geiger 44, 145 ff. Das Gedicht hat Schorr Chaluz I, 151 ff. veröffentlicht. Die eigentliche Todtenklage 153 ff. gehört durch die Eigenthümlichkeit, dass die Anfangsbuchstaben ihrer Strophen das kleinere Gedicht p. 158 ergeben, nach Rückert, Grammatik, Poetik und Rhetorik der Perser ed. Pertsch S. 144 zur Gattung Muwaschah, was dem Verfasser der Ueberschrift im Oxforder Divan מדצה יחדה (Neubauer's Catalog p. 650 Nr. 345) entgangen ist, da er in den Worten: אלביחין ליסהל הפטדא (או הדהיא סמן לדא וגטל die Schlussverse als Denkstrophe auffasst. בלאד רדמד p. 151 halte ich für Aragonien, das selbst nach dem Tode seines Königs Ramiro 1063 (vergl. Schäfer II, 335 A. 4) dessen Namen beibehalten haben kann. Im Oxforder Divan a. a. O. I, Nr. 343 scheint jedoch die Lesart richtiger zu sein: בלאד ם רדמד, wonach hier Alfonso I. von Aragonien (vergl. Gayangos II, 303) verstanden sein kann. Vergl. über den Namen Radmir Sachs a. a. O. S. 215 A. 1 und Ph. Luzzato, Notice p. 42, 3. Chaluz I, 157 Z. 6 dürfte wohl בת אדום zu ergänzen sein.
3) Vgl. Geiger, Divan S. 27 ff. und 127 ff.

So eifrig er aber auch die Heilmittelkunde zu erfassen bestrebt
gewesen, so war er doch von der Unfehlbarkeit seiner Kunst
sehr wenig durchdrungen, obwohl er auch in ihr eines ausge-
zeichneten Rufes sich erfreut haben muss, wie seine Klagen
über drückende Beschäftigung[1]) beweisen.

> Mein Gott, lass mich durch deine Kraft genesen . . .
> Du weisst's, ich trau' nicht meiner Kunst,
> Vertrau' nur deiner Huld und Gunst.   (Geiger.)[2])

so hören wir ihn in seiner Krankheit rufen, da er einmal selber
auf seine Heilmittel angewiesen sein sollte.

Wohl haben ihm allezeit die Kenner auch in der weltlichen
Poesie[3]) den Lorbeer zuerkannt, wohl wird ein Mann wie er
in Allem bedeutend gewesen sein, dem er mit Kraft sich zuwandte,
aber es ist nur ein Weilen in den Vorhöfen, solange wir nur
diese Seiten an ihm betrachten, wir betreten das Allerheiligste
seines Wesens erst, wenn wir seine religiösen Gedanken und
Gesänge, seine Liebe zu Zion ins Auge fassen. Mit dem
glücklichstem Feingefühl, mit dem Instinkte des echten Dichters
hat Heinrich Heine seinem Fragmente Jehuda ben Halevy die
alten Psalmworte vorangeschickt:

> Lechzend klebe mir die Zunge
> An dem Gaumen, und es welke
> Meine rechte Hand, vergäss' ich
> Jemals dein, Jerusalem.

Jene wunderbare Mischung von Religion und Nationalität,
die dem Judenthum seine Eigenart verleiht, macht das Geheimniss
von Jehuda Halewi's Charakter aus. Die Liebe zu Palästina,
dem verlorenen, aber unverlierbaren Vaterland, giebt seiner
Gläubigkeit den realistischen Zug, benimmt ihr die hohle
Schwärmerei, alles süsslich Himmelnde, wie umgekehrt die Religion
in ihm den Patriotismus mit Innigkeit und mit mildem Idealismus
umkleidet und verklärt, die nationale Gluth vor wilden Aus-

---

[1]) Vgl. seinen Brief an David aus Narbonne a. a. O. S. 129 und die
Aeusserung Virgo p. 69: מיגע וחמד ולחץ ואמר ישראל.
[2]) Divan S. 30 und 130.
[3]) Vgl. das Lob, das ihm Charisi gespendet. bei Kümpf a. a. O. I,
14 f., II, 13 f., das Urtheil Luzzato's Virgo p. 100 A. 2. und Zunzens
Worte: „Viele versuchten zu ihm emporzuklimmen, doch keiner hat
ihn erreicht" LG. S. 207.

brüchen des Rachedurstes [1]) bewahrt. In seinen gottdurch-
tränkten Gesängen hat er das Wunder geleistet, wie man das
Zarteste und gleichsam Aetherische, die Dämmer der Ahnung,
den Duft des Gefühles gleich edlem Wein in Gefässe füllen
kann, wie Stimmungen sich malen, Empfindungen durch Laute
sich gestalten lassen. Hier hat ihm denn auch Zions Sprache
ihre geheimste Kraft, ihren verborgensten Zauber offenbart. Den
Zellwandungen gleich, durch die man an der wachsenden Pflanze
den Zellsaft kann fluthen sehen, umspannen hier die Worte die
Gedanken, sie tragend, ohne sie einzuengen. Rein und lauter,
frei von allem erdigen Beischmack dringt sein Lied hervor, ein
jedes mit dem Meisterzeichen der Echtheit ausgestattet, selbst
wenn sein Name nicht künstlerisch darin eingewebt erschiene.
Hier vereinigt er die Stärke des Löwen mit der Sanftmuth der
Gazelle. wie Ibn Zaddik [2]) ihn gepriesen, den Klagelaut des
Schakals, wenn er um Zions Leiden weint, mit dem Jubelklang
der Harfe ob der Hoffnung auf seines Glanzes Wiederkehr, wie
er selbst [3]) von sich gesungen.

> Rein und wahrhaft, sonder Makel
> War sein Lied wie seine Seele —
> Als der Schöpfer sie erschaffen,
> Diese Seele, selbstzufrieden
> Küsste er die schöne Seele,
> Und des Kusses holder Nachklang
> Lebt in jedem Lied des Dichters,
> Das geweiht durch diese Gnade.   (Heine.) [4])

Er weiss und fühlt es nicht nur, er erlebt es in jeglichem
Augenblick, dass Gott ist, in der eigenen Seele trägt er seine
Botschaft, in der Geschichte seines Volkes erblickt er sein Zeugniss,
aus dem Himmel bestrahlt ihn sein Auge, im Haushalt der
Natur vernimmt er den Athem seiner Befehle, aber es ist nicht

---

[1]) Wie selten in seinen Gedichten dem Verlangen nach Rache
Ausdruck gegeben wird, beweist am bezeichnendsten die Bemerkung
Luzzato's, die er dem etwas feurigeren, wilderen Schlusse von Nr. 6
im Divan f. 2b A. 2 hinzufügen zu müssen glaubte. Vgl. auch
A. Sulzbach, Dichterklänge aus Spaniens besseren Tagen S. 119.
[2]) Vgl. Virgo p. 58 A. 2 und Kämpf a. a. O. I, 273.
[3]) Divan Nr. 16 Z. 4, Geiger S. 68, Kämpf a. a. O. I, 285.
[4]) a. a. O. S. 201.

der verschwommene Allgott der von ihm gern benutzten Sûfi's,[1] die sich selbst vergöttern, wenn sie Gott, dem Freunde, Liebe schwören, kein blasser Gedankenschemen, sondern ein fassbarer, lebendiger Gott, den man nicht erklügeln kann, sondern besitzen muss, der nur durch Gehorsam und nicht der Vernünftelei sein Wesen erschliesst, dessen Wirklichkeit dem eingeboren Geschmack [2], wie der sûfische Ausdruck lautet, der unmittelbaren Ergriffenheit gewisser denn alle Gewissheit aufgeht.

> Nach Deiner Nähe schmacht' ich
> Dich ruft mein innig Flehn,
> Dir zu begegnen tracht' ich,
> Und seh' dich vor mir stehn. . . . .
> [Sieh'] deine heil'ge Nähe
> Thront, wo dein Lied erschallt
> Der Chor der Himmelshöhe
> Singt deine Allgewalt.   (Sachs.)[3]

Und wieder hören wir ihn die Quellen der Gotteserkentniss künden:

> Nur, wer vom Glanz umflossen,
> Gott schaut bei seines innern Lichtes Schein,
> Wem seines Seins Urquell erschlossen,
> Der Köstllicheres strömt als Wein, —
> Nur so kannst du, dem Fleisch entsprossen,
> Der Kunde Gottes dich erfreun.
> Drum auf! und schlafe nicht, dich seinem Dienst zu weihn! . . .
> O! trachtet, Recht zu halten,
> Und vor dem Fürwitz flieht,
> Zu schaun der Dinge Falten,
> Um wo? warum? bemüht.

---

[1] Sûfisch ist in seinen Gedichten die Sehnsucht der Seele nach Erlösung aus der Haft des Körpers, wie z. B. Divan Nr. 14, Nr. 33 Z. 19 ff., Nr. 39, Nr. 52, besonders Z. 8: באמת זה בך ארבק אם, Nr. 57 u. a. Ueber sûfische Anklänge in seiner Philosophie s. im Register meiner Attributenlehre: J. H. und der Sûfismus.

[2] Vgl. ebendas. S. 234 A. 225 und Kusari IV, 17; S. 333 die Auslegung des Psalmwortes (34,9): Schmecket und sehet, dass gut ist der Ewige.

[3] a. a. O. S. 92 f., Originale S. 33.

Sei fest, an ihm zu halten
Mit gläubigem Gemüth! —
Drum mach dich auf und rufe deinen Gott! — (Sachs).[1]
Ihm ist Gott der Ausgangs- und Endpunkt alles Denkens:

Alles Sinnen, alles Tichten
Deine Hoheit muss empfinden,
Wohin sich die Gedanken richten
Dich sie finden und verkünden.   (Zunz.)[2]

Dreihundert[3]) religiöse Gesänge hat man von ihm nachgewiesen. Unerschöpflich wie eine Naturkraft treibt seine Seele Blüthe auf Blüthe, reich genug, Alles, was sie berührt, mit ihrer Hoheit zu erfüllen, durch den eigenen Adel zu verklären. Er bedarf nicht der Anatomie und Himmelskunde, wie mancher Pintdichter[4]) es thut, um sie als Füllsel für die Lücken der Poesie zu verwenden, stets strömt ihm Wort und Bild, Gefühl und Gedanke, als wäre es nicht auszusingen das Lied von Israels Weh und Wonne, von Zions Fall und wiedererblühender Herrlichkeit. Als freuten sich nur die Worte zu seinem Dienste herbeizueilen, so tönt es in buntbelebtem Farbenwechsel, in unerreichbarer Klangmalerei. Wahrheit der Empfindung und besonnenes Maass, dass sind die hervorstechendsten Züge seiner Eigenart. Er hat wie die Araber[5]) und Juden überhaupt nie einen griechischen Dichter gelesen, und doch ist es, als hätte er an solchen sich gebildet; so sehr eignet hellenische Anmuth seiner hebräischen Innigkeit. Es ist auch bei ihm, nach einem Ausdrucke Adolf von Schack's[6]), „als hörten wir zugleich mit dem Rauschen der morgenländischen Palme das Säuseln des Abendwindes, der durch die Hesperidenhaine des Westens weht." Was er gedichtet, war dazu bestimmt, Gemeingut der Synagoge zu werden, denn nicht

---

[1] a. a. O. S. 95 f., Originale S. 34.
[2] Synagogale Poesie S. 235. Vgl. Sachs a. a. O. S. 102, Originale S. 37.
[3] S. Luzzato Divan p. 6, Zunz, Literaturgeschichte S. 203.
[4] Vgl. Sachs a. a. O. S. 262 f., Zunz, LG. S. 195.
[5] Selbst den höchsten Vertretern arabischen Geistes, einem Averroës und Ibn Chaldoun ist die griechische Poesie völlig unbekannt geblieben, vgl. v. Schack a. a. O I, 95 f.
[6] a. a. O. I, 99.

ein Einzelner, sondern der Geist des Volkes schien darin Sprache
angenommen zu haben. Tunis und China [1]), Karäer [2]) wie Rabba-
niten haben mit seinen Liedern den Gottesdienst verherrlicht;
ganz Jakob bekennt sich zu Jehuda, wie sein Zeitgenosse Ibn
Abun [3]) von ihm gerühmt, oder wie Heine [4]) in jenen Versen von
ihm gesungen, mit denen er einen Theil von seines Volkes Schuld
an diesen seinen grössten Dichter unvergänglich heimgezahlt hat:

> Ja, er ward ein grosser Dichter,
> Stern und Fackel seiner Zeit,
> Seines Volkes Licht und Leuchte,
> Eine wunderbare, grosse
> Feuersäule des Gesanges,
> Die der Schmerzenskaravane
> Israels vorangezogen
> In der Wüste des Exils.

Nur ein Mann, der zu innerem Frieden sich durchgerungen,
konnte so quellende, in sich vollendete Gesänge schaffen, nur
einem Gemüthe, in dem himmlischer Einklang wohnte, konnten
Harmonieen entströmen, wie die Lieder Jehuda Halewi's. Selten
ist bei einem Dichter die Weltanschauung so sehr der Schlüssel
seines innersten Wesens wie bei ihm. Er erblickt in Gott [5]) eine
Thatsache der sinnlichen und geschichtlichen Erfahrung. Die
Speculation hat ihn nicht zu finden vermocht und erweist sich
ohnmächtig, ihn zu begreifen. Aber es giebt ein Organ für
seine Wahrnehmung, ein inneres Auge [6]), dem es das Ueber-

---

[1]) Zunz, syn. Poesie S. 231: „Schwerlich giebt es eine Synagoge,
in welcher nicht seine Pismon und Lieder erschallen", Literaturgeschichte S. 203: „Er sang für alle Zeiten und Gelegenheiten und
wurde bald der Liebling seines Volkes." Vgl. auch die Nachweisungen
der seine Gebete enthaltenden Rituale bei Zunz, die Ritus des synagogalen Gottesdienstes S. 89, 112–13 und Landshuth a. a. O. I, 70 ff.
Vgl. auch Geiger a. a. O. S. 109.

[2]) Vgl. Zunz, die Ritus S. 161 und Landshuth a. a. O. I, 76.

[3]) כל יעקב בם מתודים bei Geiger, Divan S. 143, Grätz VI, 162 und
oben S. 12 A. 5.

[4]) a. a. O. S. 201.

[5]) Ueber seine Lehre von Gott und dem höchsten Gottesnamen
vgl. meine Geschichte der Attributenlehre S. 165—210.

[6]) Vgl. Kusari ed. Cassel IV, 3; S. 312 und a. a. O. S. 202 A. 180
bis S. 208.

2*

sinnliche zu schauen vergönnt ist, wie der äussere Gesichtssinn
von der Sinnenwelt uns Kunde bringt. Und wie alle Sehenden
in ihren Aussagen über die sinnenfälligen Dinge übereinstimmen,
so vereinigen sich alle, denen jenes Auge der Seele anerschaffen
worden, in der Schilderung ihrer übersinnlichen Gesichte. Es
sind dies jene Werkzeuge [1]) des göttlichen Willens, durch welche
Wunder geschehen, jene perlengleichen [2]) Seelen, die für das
göttliche Licht die grösste Empfänglichkeit zeigen. Dem ersten [3])
Menschen, dem vollendetesten weil unmittelbaren Geschöpfe Gottes
ward seine Spur, seine Kenntniss, sein Licht mitgegeben, die
dem Kerne seiner Nachkommen durch die Reihe der Erzväter
herab sich wie ein Erbadel mittheilten. Dieser Kern, dieses
Kleinod ist Israel [4]), zu dem die übrige Menschheit wie die Schale
sich verhält. Es ist die Blüthe und das Ziel der Schöpfung,
weil es zur Vermittlung [5]) zwischen Gott und Welt berufen ist.
Sein Dasein ist Gottes Zeugniss [6]) auf Erden. Darum hat er
sich angesichts dieses Volkes auf dem Sinai geoffenbart, eine
geschichtliche Thatsache [7]), eine Ueberlieferung, bei der jede

---

1) Vgl. Kusari IV, 3; S. 308 und a. a. O. S. 192.

2) ib. IV, 15; S. 330 und a. a. O. S. 224 A. 211 ff.

3) ib. besonders I, 95 und a. a. O. S. 177 A. 136 u. S. 226 A. 212.

4) ib. I, 95. An Israel allein haftet der Gottesgeist III, 17; S. 221,
Jakobs Söhne bilden bereits allesammt eine besondere Gattung, engel-
artige Wesen I, 103; S. 74. Selbst der ungetreue Israelit kann sowohl
in Folge seiner Abstammung als wegen etwaiger geläuterter Nach-
kommenschaft seine Zugehörigkeit zum „Kleinod" niemals einbüssen
I, 95; S. 65. Auch in dem ungehorsamen Bekenner der Lehre lebt
unauslöschlich ihre Spur und das Verlangen nach der engelhaften Stufe,
die sie bereitet; er würde darum nimmer mit dem der Lehre Un-
theilhaftigen tauschen V, 20 Nr. 4; S. 425. Darum kann der Proselyt
wohl allen Segen des Israeliten geniessen, aber niemals ihm gleich
und dem Kleinod zugerechnet werden I, 27, die Gabe der Prophetie
bleibt ihm versagt I, 115; S. 81.

5) ib. II, 44; S. 146. Darum offenbart sich auch allezeit an Israel
allein Gottes unmittelbare Leitung und Einwirkung IV, 3; S. 303.

6) Vgl. den hymnischen Schluss von II, 54, V, 6 und V, 20;
S. 419 unten.

7) I, 87, III, 24 und 53 Ende. Selbst für die Beglaubigung der
rabbinischen Tradition bedient er sich des Gedankens von der Unmög-
lichkeit einer Verabredung III, 73; S. 293. Man muss bei der Hoch-
stellung der Ueberlieferung durch J. H. stets im Auge behalten, dass
es der Widerspruch gegen deren Läugnung durch die Karäer war, was

Möglichkeit der Verabredung ausgeschlossen ist. Er ist der Gott Abrahams, Isaks und Jakobs[1]), der Befreier aus Egypten, den man erfuhren und erlebt, nicht vermuthet und erschlossen hat. Sein oberstes Kennzeichen ist die Allmacht[2]), mit der er frei der von ihm gesetzten und in jeglichem Augenblick getragenen Weltordnung gegenübersteht. Er ist keine gleichgültige[3]) Wahrheit, sondern von greifbarer Bedeutung für das Leben, das mit seinen Einzelheiten[4]) vor ihm offen liegt und nach Lohn und Strafe geregelt wird. Allen ohne Unterschied des Bekenntnisses ist der Lohn gewiss, aber Israel steht im Leben wie im Tode Gott näher[5]). Palästina[6]), die Mitte und der Preis der gemässigten Klimate, der Boden der Prophetie[7]), nicht dem blossen Naturgesetz, sondern Gottes unmittelbarer Leitung anheimgegeben, mit Jerusalem[8]), dem Kleinod aller Oertlichkeiten, das gelobte Land sollte der Wohnsitz der Auslese der Völker werden. Seine Sprache[9]) war die vollkommenste, dem Himmel entstammt, bezeichnend wie keine. Seher[10]), mit dem inneren Auge ausgestattet, stärkten die Gotteserkenntniss im Volke und erhielten den Verkehr mit dem Ueberirdischen. Seinem Dienste ward ein Tempel[11]) aufgerichtet, bei dessen Opfern jede Vorschrift so wesentlich und einflussreich war, wie beim Zustandekommen eines Naturprozesses oder -gebildes jedes Atom von Bedeutung ist. Wie die Seele im Körper, wenn die Nahrung seine Arbeit und das wunderbare Ineinandergreifen seiner Gliedmaassen erhält, so ruhte der Geist

seine Behauptungen gewissermaassen anfeuerte. Die Kenntniss der karäischen Literatur hat er sicher in Kastilien bereits erworben, da diese besonders hier durch Ibn al-Taras verbreitet war. Vgl. Grätz VI, 96.

1) I, 11, IV, 3; S. 304 und Attribl. S. 120 A. 2 u. S. 176.
2) Auf diesen im Systeme J. H.'s so hervorragend wichtigen Punkt habe ich a. a. O. S. 168 und 228 A. 215 aufmerksam gemacht.
3) IV, 13; S. 326 und IV, 15; S. 332. Vgl. a. a. O. S. 233 A. 223.
4) IV, 3 Anf. und a. a. O. S. 235 A. 226.
5) I, 111.
6) I, 95; S. 64, I, 109; S. 76.
7) II, 12—14 und a. a. O. S. 213 A. 193.
8) הגאולה מדמקומת היא ירושלם III, 73; S. 295—6.
9) II, 66–69, IV, 25; S. 341.
10) II, 23; S. 138 A. 4. Die Propheten sind selber die Wohnstätte der göttlichen Herrlichkeit, von der aus sie deren Zeitgenossen bestrahlt III, 65; S. 280 A. 3.
11) I, 99 und II, 26.

Gottes auf dem Heiligthum, wenn sein Dienst geregelt war. Das Judenthum ist kein künstliches Erzeugniss, kein Werk der Entwicklung; wie bei der Weltschöpfung hiess es bei ihm: Werde[1]), und es ward. Nicht der Willkür ist das Leben seiner Bekenner überlassen, sondern durch göttliche Bestimmungen wohl geordnet[2]). Geheimnissvoll, wie unter gewissen, aber uns unbekannten Bedingungen die Elemente sich binden und lösen, im Ei sich das Küchlein bildet, so sind die Einzelheiten[3]) dieser Gesetze, dem Verstande unfassbar, von der Prophetie und Ueberlieferung ausgebaut, in ihren Wirkungen aber den göttlichen Ursprung bekundend. Israel lehrt eine Religion der Erfüllung[4]) und der That, ihm genügt nicht die Gesinnung, es verlangt die Probe am Leben. Darum kennt es keine Seligkeit, die durch ein leeres Wort[5]) zu gewinnen ist, ohne das aber selbst Weise und Tugendmuster der Verdammniss preisgegeben sein sollen. Es will keine Augenverdrehung, Selbstkasteiung und mönchische Weltflucht[6]). Auch in der Freude liegt Gottesdienst, wenn wir uns fühlen, als wären wir Gottes Gast[7]), an seinen Tisch geladen, für seine Güte dankbar innerlich und äusserlich. Die gleichmässige Ausbildung aller Seelenkräfte, die Harmonie[8]) des ganzen

---

[1]) I, 81.

[2]) II, 50; S. 152, II, 56; S. 158, III, 23 Ende; S. 234.

[3]) III, 53, besonders S. 274—5. Die Quelle dieses Gedankens ist Gazzâli. Warum, so erklärt er in seiner Selbstbiographie oder richtiger Entwickelungs-Geschichte, genannt al-Munkid p. 47, 58 (in Schmölders' Essai sur les écoles philosophiques chez les Arabes p. 66, 80), sollten den göttlichen Verordnungen, so absurd sie auch erscheinen mögen, nicht wunderbar geheimnissvolle Wirkungen zukommen, wie sie in der Medicin und Astronomie unläugbar vorhanden sind? Es ist eben für die Erkenntniss derselben ein höheres Organ, das Auge der Prophetie, vonnöthen, dem unser Verstand eben so wenig vergleichbar ist, als etwa das Ohr zu sehen vermag.

[4]) II, 56; S. 157. J. H. ist zuerst der Gedanke aufgegangen, dass das Judenthum nicht eine Religion des unfruchtbaren Bekenntnisses, sondern der sittlichen Bewährung sei. Wie wenig es aber begründet wäre, einseitig nur die Forderung der That dieser Lehre zuzuschreiben, das hat er V, 27 selber bewiesen.

[5]) I, 110. Vgl. auch I, 115; S. 80.

[6]) II, 50; S. 151, II, 56; S. 157, III, 1; S. 194, III, 22; S. 230.

[7]) II, 50; S. 151—2.

[8]) Vgl. besonders II, 50, III, 5.

Menschen ist der Lehre Ziel. Die möglichste Annäherung an Gott ist unsere Aufgabe, darum bedarf es der steten Hinweise auf das Jenseits [1] nicht, das Himmelreich soll auf Erden beginnen, die Ewigkeit in der Zeitlichkeit. Kern und Blüthe der Zeit ist darum das Gebet[2]), es bedeutet für die Seele, was die Ernährung für den Körper. Sabbate und Festtage[3]) sind eingesetzt, um gleichsam die irdischen Ermüdungsstoffe von der Seele zu nehmen, dem Geiste jeden Abgang an Lauterkeit zu ersetzen. So ist ein Sechstel[4]) im Leben des Juden körperlicher und geistiger Ruhe und Sammlung gewidmet, wie sie selbst Könige sich nicht gönnen. So hat aber auch das Gesetz, indem es die gesammten Verhältnisse des Lebens in seinen Kreis zog, die tiefsten und scharfsinnigsten Wissenschaften[5]) zu seiner Ausführung erfordert, die von den alten Hebräern zu Römern und Griechen[6]) kamen und nun diesen zugeschrieben werden, weil man die Mittelglieder vergass.

Das gedrückte und getretene Israel zeugt nicht wider seine angestammte Hoheit. Das Christenthum[7]) rühmt sich der Demuth seines Stifters, der das Wort gesprochen: Schlägt man dich auf die rechte Backe, so reiche die linke hin, mit Stolz gedenkt der Islam der Leiden von Mohammeds Helfern. Wohl ist Israels gedemüthigte Stellung eine unfreiwillige, erwägt man aber, dass es eines Wortes[8]) der Gedrückten nur bedürfte, um ihren Drängern sich gleich zu stellen, dass dies Wort aber nicht gesprochen

---

[1] III, 20. Dass aber ein Leben der Seele über den Tod hinaus und im Jenseits bereits altisraelitische Lehre war, wird I, 115 bewiesen. So erscheint ein süsses Leben und ein süsser Tod, ein ewiges Jenseits mit ewigen Wonnen als Frucht der Lehre III, 66. Vgl. auch III, 12.

[2] III, 5; S. 199.

[3] ib. S. 200—201.

[4] III, 10; S. 204. Feinsinnig wird diese Bemerkung dem Chazarenkönig in den Mund gelegt, der aus Erfahrung sprechen kann und hiermit auch seiner Bewunderung für die Institutionen des Judenthums am beredtesten Ausdruck leiht.

[5] II, 63—66, IV, 28—31.

[6] I, 63; S. 47 A. 1, II, 66. Vgl. meine Attributenlehre 216 A. 197.

[7] I, 113 nach Matth. 5, 39, IV, 22, wo der arabische Text ausdrücklich der im Islam so hoch gefeierten Genossen des Propheten, der Ansâr gedenkt.

[8] I, 115; S. 80 und IV, 23; S. 336.

wird, so kann der gerechte Richter dem ganzen Volke ein Verdienst an seiner Demuth nicht absprechen. Unbemerkt ob seiner Schwäche, Winzigkeit und Zerstreuung unter den Nationen lebt [1]) es noch geeint und zusammengehalten von dem Rest der göttlichen Lehre. Es ist das Herz [2]) der Völker, das kränkste, weil alle Erregungen und Störungen im Völkerorganismus mitempfindend, aber auch das gesündeste Glied, durch seine fortwährende Strömung und ausgebildete Erregbarkeit vor tiefgreifenden Krankheiten behütet. Wie beim Herzen jede Störung sofort [3]) empfunden und ausgeglichen wird, so wird Israel sofort für seine Verschuldungen heimgesucht, sein Sündenmaass kann nicht voll werden. Während Christenthum und Islam göttliche Veranstaltungen und Vorbereitungen für die messianische [4]) Zeit bedeuten, ist das Judenthum das Samenkorn [5]), das, in den rauhen Boden der Völker eingesenkt, alle Wandlungen bis zur modergleichen Auflösung durchläuft, aber unsichtbar und allmählich seine Umgebung zum Dienste der ihm eingeborenen Idee heranzieht, die erdigen Bestandtheile umschafft zur Speisung für das gedeihliche Wachsthum des Gottesreiches. Werden die todten Gebeine [6]) noch leben? So fragt man wohl im Hinblick auf Israel. Aber es bleibt eine lebendige Nation, bei der

---

1) II, 64; S. 165. Des aristotelischen Begriffspaars sich bedienend, nennt er hier Israel: לאימה הדרלת החזר החזקת הציירה das Volk, so unscheinbar an Materie, so überwältigend an Form, eine Bezeichnung, deren Tiefe zunimmt, je mehr man im Sinne des Stagiriten sie auffasst. Ihm ist Israel den anderen Nationen als den todten gegenüber „die lebendige" האומה הדזה III, 23; S. 234 und II, 32; S. 139 A. 3. Vgl. Divan Nr. 29 Z. 10: מהיתך משרח פנרים und Zunz, syn. Poesie S. 15 A. a.

2) II, 36—42.

3) II, 44 und II, 58; S. 160.

4) IV, 23; S. 337 A. 3: Diese Religionen — אלמלל פהדה, wie es im arabischen Originale heisst — sind nur (אמא) die Grundlage und Einleitung für den erwarteten Messias, ein Gedanke, den kein Geringerer als Mûsa Maimûni der Aufnahme und Erweiterung in seinem Mischne Thora H. Melachim 11, 4 würdig gefunden hat. Wie wenig dagegen im Christenthum und Islam etwas Neues enthalten sei, das wird von J. H. I, 115; S. 82 f. gezeigt.

5) IV, 23; S. 336—7. Vgl. Ginse Oxford p. 45 und Geiger, Divan S. 26 die Verse auf das Weizenkorn.

6) II, 34 und III, 11; S. 215.

es auf die Zahl nicht ankommt, und selbst wenn nur Einer[1])
bliebe, Israels Hoffnung stirbt nicht aus.

Wohl Mancher wird mit den Worten des Sokrates[2]) bei
Jehuda Halewi selber von diesen Gedanken sagen: Ich leugne
diese göttliche Weisheit nicht, aber ich fasse sie nicht; ich verstehe mich nur auf menschliche Weisheit. Aber man kann mit
einem anderen Worte des Meisters[3]) ihm erwidern: In den
für Religion und Gottesnähe von Natur befähigten Seelen zünden
die Lehren der Frommen gleich Funken und werden zu Flammen
in ihren Herzen. Wer von vornherein erklärt, nichts beweisen
zu können, von dem hat man nicht das Recht Beweise zu
fordern; wer an der Selbstherrlichkeit der Vernunft verzweifelt,
verzichtet von selbst darauf, logischen Enthusiasmus zu erzeugen.
Thatsachen kann man nicht durch Begriffe aus der Welt schaffen;
wie gegen die sinnliche Wahrnehmung mit Schlüssen nichts
auszurichten ist, so sind die Aussagen der inneren Erfahrung
dem Verstande unzugänglich, aber auch unwiderleglich. Ob
auch die Vernunft lächle, ihre Plattheit ist von vornherein
festgestellt; auf das Urtheil des gesunden Menschenverstandes[4])
kommt es hier nicht an, denn er hat gar keines; er ist beschränkt
von Hause aus. Darum kann man das Uebersinnliche nur durch
unmittelbare Anschauung oder gläubige Ergriffenheit, niemals
durch Klügeln und Vernünfteln[5]) erfassen und erfahren; Gott
muss gefühlt, erlebt werden, schlechthin gewiss, unmittelbar
gegenwärtig uns ganz erfüllen; er ist nicht zu beweisen und
nicht zu begreifen, unser Verstand hat nur ein nichtwissendes

---

1) III, 11 Ende: „Halte es nicht für unmöglich, dass wir selbst
dann, wenn ein Einziger nur von uns übrig bliebe, wieder werden
können, was wir gewesen, heisst es doch: Fürchte dich nicht, du Wurm
Jakob (Jes. 41, 14)". Vgl. auch II, 32 Ende.
2) IV 13; S. 327, V, 14; S, 405 und meine Attributenlehre 216 A. 197.
3) V, 16; S. 408. Vgl. über die von Hause aus der Gottesnähe
beflissenen Seelen auch II, 60; S. 162.
4) Der gemeine Mann leugnet auch die Lehren der Physik und
Astronomie, weil oft die sinnliche Anschauung und sein eigenes Urtheil
dagegen sprechen. Augenschein und Verstandesschlüsse sind aber
ebensowenig das Forum, vor das die Bestimmungen der Religion
gebracht werden dürfen, vgl. III, 49; S. 269.
5) Vgl. hierüber meine Darstellung a. a. O. S. 229 ff. und 122 A. 8.

Wissen [1]) von ihm. Friedrich Heinrich Jacobi, das ist der
Denker der Neuzeit, an den wir bei Jehuda Halewi unaus-
gesetzt erinnert werden. Aber wir nähern uns der geschichtlichen nicht minder als der sachlichen Wahrheit, wenn wir
sagen, dass es die Leuchte der muhammedanischen Theologie,
dass es Abu Hâmid al-Gazzâli [2]), der ältere Zeitgenosse unseres
Philosophen ist, dessen Gedanken uns bei ihm begegnen. Es
waren dies zwei gleichgestimmte Seelen, verwandte Geister, die
auch unabhängig von einander die gleichen Blüthen zu treiben
wohl geeignet sind, sich aber dennoch fördern, wenn sie sich
kennen lernen. Als Gazzâli's grösstes Werk, die Wiederbelebung
der Religionswissenschaften auf dem Marktplatz zu Cordova [3])
von den ketzerriechenden Pfaffen des Islam dem Flammentode
übergeben wurde, ging der jüdische Denker daran, die Leistungen
seines grossen Geistesverwandten für den Ausbau seiner eigenen
Weltanschauung zu verwerthen. Es war nicht eine gewaltsame
Ausgleichung zwischen Religion und Philosophie, es war die
Philosophie seiner angestammten Religion, was Jehuda Halewi
lehrte. Wenn aber eine Weltanschauung nicht aus dem Ver-

---

[1]) Vgl. V, 21; S. 427, 429 und a. a. O. S. 239 f.
[2]) Die geschichtliche Stellung J. H.'s zu Gazzâli und die Nachweise
seiner Abhängigkeit von demselben habe ich a. a. O. S. 119—140
näher darzulegen versucht. Sogar in dem Bilde, unter dem sie das
Verhältniss der philosophirenden Dogmatik zur Religion darstellen,
stimmen beide Denker mit einander überein. Gazzâli sagt, man müsse
die Religionsphilosophie haben gegen ketzerische Angriffe, gerade so,
wie die Pilgrime gegen die räuberischen Araber schützenden Geleites
bedürfen, a. a. O. S. 137 A. 53. Und J. H. sagt von denen, die der
Speculation zur Stütze ihres Glaubens sich befleissen, dass sie dem
Pilger in der Wüste gleichen, der sich mit Waffen versieht und zum
Kampfe rüstet und einübt, weil er nicht weiss, was ihn anfallen kann
III, 37; S. 247. Hierin liegt zugleich der Beweis, dass J. H. die
Ihjâ gelesen.
[3]) Ali (1106—1143), der zweite König der Almoravidendynastie,
hat die Bannbulle unterzeichnet, der zufolge Gazzâli's Ihjâ ul-Ulûm
in Cordova und den übrigen Städten seines Reiches verbrannt und
bei Strafe des Todes und der Gütereinziehung Jedem verboten wurde,
ein Exemplar davon zu bewahren. Dozy a. a. O. IV, 254 A. 1. Es
war derselbe Ali ibn Jussuf, der nach Edrisi I, 215 f. den Juden unter
den härtesten Strafen es verbot, in Marokko zu wohnen oder auch
nur vorübergehend sich anzusiedeln.

stande allein stammen, sondern von allen Kräften des Geistes
gewoben sein soll, wenn alle wahren Weisen ihre Lehre auch
gelebt haben, dann ist der grosse Toledaner auch der Muster-
philosoph. Wohl ist es nicht der trockene Glanz des Stahls,
aber es ist das milde Feuer, die zarte Gluth der Rose, was
seinem Denken eignet. Kusari heisst das Buch, in dem er in arabischer Sprache
diese seine Philosophie niedergelegt hat. Buch des Beweises
und der Argumentation zur Hülfe der verachteten Religion[1]),
so hat es selber betitelt. Ein Dichter und ein Denker, erschuf
er für den überraschenden Inhalt die trefflichste Form. In
seiner Vaterstadt Toledo[2]) lebten gelehrte Abkömmlinge von
jenem Volke der Chazaren[3]), das in den Ländern zwischen der
Wolga und dem Don mit seinem Könige Bulan im Jahre 740
zum Judenthume überging. In diesem Umstande ist, wie ich
vermuthe, die Anregung für die äussere Fabel des Kusari zu
suchen. Jehuda Halewi war ein zu tiefer Kenner des den
Arabern zugänglichen Plato, um nicht von der Kunstform seiner
Dialoge angezogen zu werden. In Wechselgesprächen zwischen
dem Chazarenkönig und dem jüdischen Gelehrten, einer späteren
Ueberlieferung zufolge Isak Aschschangari[4]) mit Namen, wird
der Gedankengehalt der jüdischen Lehre entwickelt, nachdem
zuvor ein Philosoph, ein Christ und ein Muselmann den König
vergeblich zu ihrer Ansicht zu bekehren gesucht. In dem
glänzenden Bilde der philosophischen Weltanschauung, in den
eher mit Liebe als mit Gehässigkeit ausgeführten Rollen der
nichtjüdischen Bekenntnisse offenbart sich ebenso die Grosssinnig-
keit des Meisters wie die Unabhängigkeit seines Geistes. Es

---

[1]) Vgl. Cassel, das Buch Kusari (2. Auflage) S. 14.
[2]) Nach dem Zeugnisse Abraham ibn Dauds im ס׳ הקבלה f. 46 b:
וראינו בטולטלה מבני בנידם תלמדי חכמם ותהיגו סטאהרתם על רית רבית
Vgl. Zedner, Auswahl historischer Stücke S. 37 Anm. und Carmoly,
Itinéraires de la terre sainte p. 61 f., 101 f.
[3]) Vgl. Ph. Luzzato a. a. O. p. 13 A. 1, Carmoly a. a. O. p. 3—104,
Grätz V, 214 ff. u. VI, 146, Cassel a. a. O. S.13 A.2, Geiger, Jüd. Zeitschrift V, 68 f.
[4]) Vgl. Cassel a. a. O. A. 3.

ist eines der merkwürdigsten Bücher[1] der mittelalterlichen
Literatur überhaupt, ebenso tief durchdacht wie künstlerisch
angelegt. Es zeigt nicht die Kurzathmigkeit und Abgerissen-
heit der arabischen Schulsprache, das Erbstück der aristotelischen Metaphysik, es erinnert vielmehr oft durch poetischen
Aufbau, durch schwungvolle Getragenheit nicht minder als durch
die geistvoll sprungartige und doch streng zusammenhängende
Art der Gedankenentwicklung an Plato, den König der philosophischen Beredsamkeit. Prüft man J. H.'s Werk auf seine Quellen[2]), so muss man die Reichhaltigkeit seiner Studien bewundern,
die das gesammte Schriftthum seines Volkes und alle damals
zugänglichen griechischen und arabischen Denker in ihren Kreis
zogen. Hier setzt der ästhetische Feinsinn, mit dem er seine
Behauptung von dem einstigen Reichthum[3]) der hebräischen
Sprache beweist oder die schriftstellerischen Eigenthümlichkeiten
der nationalen Geschichtsschreiber[4]) erlauscht, dort der wissen-
schaftliche Takt, mit dem er die hohe Stufe der Rabbinen in
den naturwissenschaftlichen Fächern, in der Anatomie und Bio-
logie aus den Regeln des Rituals[5]) ableitet, wahrhaft in Erstaunen. Er bescheidet sich zu erklären, er verstehe nicht
Alles, er könne nicht jede Aeusserung in dem von ihm so hoch
verehrten Talmud[6]), die ängstlicher Uebereifer aufgenommen,
mundgerecht machen. Es sind glänzendere, gelehrtere Bücher
von Juden geschrieben worden, niemals ein grösseres, ein für
die Glaubensgemeinschaft bedeutenderes. Es glänzt in der Reihe
der Urkunden, der Grundschriften der jüdischen Religion und
hat seinem Urheber den Anspruch eingetragen, nicht der Sänger,
sondern der Seher des Exils zu heissen.

Nach einer verbürgten Ueberlieferung war er im späteren
Leben nach Cordova[7]) gezogen. Aber es war nicht mehr die

---

[1]) Kein Geringeror als Silvester de Sacy urtheilt darüber, dass es
unter den guten schriftstellerischen Erzeugnissen der Juden das vor-
züglichste sei, Ersch und Gruber II. Bd. 26 S. 406.

[2]) Vergl. z. B. das Register meiner Attributenlehre unter: J. H.

[3]) II, 68; S. 169.

[4]) III, 63.

[5]) IV, 31.

[6]) III, 73 Endo; S. 296.

[7]) Vgl. die Nachweisung seines Aufenthalts im arabischen Spanien
Anhang III.

glanzerfüllte, die bücherreichste[1]) Stadt Andalusiens. Mit
den Almoraviden war der Verfall[2]) hereingebrochen, die
Pfaffen[3]) des orthodoxen Islam waren allmächtig, alle Aufklärung
unterdrückt, die Philosophie verketzert und gebannnt, Bücher-
verbrennung an der Tagesordnung, die bedeutendsten Dichter
bettelten um Brod, alle Nichtmuhammedaner wurden gedrückt und
verfolgt, nur durch Brandschatzung Andalusiens vermochte
Alfonso[4]) den Quälereien der Christen Einhalt zu thun und die
Juden entgiengen nur dadurch der Vertreibung und Ausrottung,
dass ihre Schätze den ausgeleerten Staatssäckel[5]) füllen halfen.
Die rohen afrikanischen Eroberer vermochten es höchstens zu
einer ungeschlachten Halbcultur zu bringen und die Affen der
alten andalusischen Civilisation zu werden. Wohl war es eine
angesehene Stellung, die Jehuda Halewi in der Residenz beklei-

---

[1] Vgl. Gayangos a. a. O. I, 42, v. Schack a. a. O. I, 59. Ueber den
Glanz Cordova's s. die Erzählungen Makkari's in Gayangos I, 30 ff.
Eine Vorstadt im Norden von Cordova hiess Bab ul-Jahûd, die Juden-
pforte (nach Ibn Baschkuwal ib. I, 206), eine Bezeichnung, an der
fromme Moslemen Anstoss nahmen I, 207.

[2] Ich folge in dieser Darstellung vorzugsweise Dozy a. a. O. IV,
248—269. Als Edrisi um 1154 sein grosses geographisches Werk schrieb,
musste er bereits von der traurigen Wendung berichten, welche das
Schicksal der Stadt durch Bürgerkriege genommen hatte (bei Jaubert
a. a O. II, 63.) Abu Jahja, der Bruder des Almohaden Jakob Almansur
und selber eine Zeit lang Beherrscher von Cordova (Gayangos I, 344
A. 61), sagte von den Bewohnern: Es scheint, dass Gott sie dazu
geschaffen hat, beständig in Kriege und Bürgerzwist verwickelt zu
sein. Und Ibn Said sagt von ihnen: Sie sind im Gehorchen das schlech-
teste Volk auf Erden und am schwierigsten zu beherrschen; ihr Unge-
horsam gegen ihre Könige und Führer ist fast sprüchwörtlich geworden,
ib. I, 42.

[3] Dozy a. a. O. IV, 248 vergleicht die Herrschaft des Klerus in
der Zeit der Almoraviden mit der Macht der Geistlichkeit unter den
Westgothen. Cordova selbst scheint übrigens bei aller Eleganz seiner
Sitten und der Fülle geistigen Lebens, das in seiner Mitte zusammen-
strömte, fanatisch orthodox dem Islam angehangen zu haben, wie
Makkari bezeugt (Gayangos I, 201).

[4] Ueber den Feldzug Alfonso's von Aragonien (1125) s. Dozy
a. a. O. 256 f.

[5] Vgl. Dozy IV, 254 f., 258: C'étaient les juifs, qui devaient payer
pour les musulmans, quand le trésor se trouvait à sec.

dete, er scheint sogar als Arzt in Hofkreisen [1]) verkehrt zu
haben, aber sein Herz litt Unsägliches unter dem widerwärtigen
Anblick der Feinde seines Volkes. Ich heile Babel, aber es
bleibt siech [2]), so klagt er in seinen Briefen. Er sieht mit
ahnendem Geiste trotz alles grosssprecherischen Hochmuths der
Feinde den nahen Untergang. Der Halbmond war im Sinken,
die Welt stand im Zeichen des Kreuzes. Es war im Jahre 1130,
in der Zeit, da Alfonso Raimundez den Sarazenen furchtbar
wurde, als der Dichter im Traume [3]) den Stein heranrollen sah,
der den eisenfüssigen, aber thönernen Koloss des Islam auf
der Halbinsel zerschlagen sollte. Wohl kam der Traum etwas
zu früh, aber der Seher hat Recht behalten. Er war nicht der
Mann, mit zwiespältigem Herzen dem Feinde sich zu schmiegen.
Er trug mit Stolz und Begeisterung den Ehrennamen Israels [4])

---

[1]) ואיך אשרחו בעברת מלכים „Wie haben sie ob meines Dienstes am
Hofe mich glücklich gepriesen" sagt er in dem ergreifenden Gedichte
Virgo p. 68, das er nach der Ueberschrift der Oxforder Sammlung
מצה יחודה I, 259 gegen diejenigen, die ihn zum Verbleiben in Andalusien drängten, also noch auf spanischem Boden gedichtet, s. Neubauers Catalog p. 649. Vgl. auch die in Dainietto verfassten Strophen
Virgo p.70, wo mit עבדת האנשים ebenso wie Kusari V,25 החרות מעברות הרבים
die drückende ärztliche Praxis bezeichnet wird. Wenn Kämpfs Annahme
richtig ist (a. a. O. I, 261 und II, 229), dass die dunkeln Worte Virgo 63:
חרלתי הלוך על כף וטל אף von den lästigen Verbeugungen und Umgangs-
formen sprechen, die der Dichter endlich von sich abschüttelt, dann
könnte auch in dieser Stelle eine Hinweisung darauf gefunden werden,
dass er der Etiquette am Chalifenhofe sich einmal hatte fügen müssen.
Auch Divan Nr. 10 Z. 8—9 beweist, dass er Fürstenlaune selber kennen
gelernt hat. Geiger a. a. O. S. 29 f. hat nicht angegeben, auf welche
Andeutungen er die gleiche Behauptung gestützt hat.

[2]) ורפאנו את בבל ולא נרפתה Geiger a. a. O. S. 129, Grätz VI, 143.

[3]) Divan Nr. 53: ושת תתק תתץ לך כל נאה „Trifft das Jahr acht-
hundert und neunzig ein (1130) — dann wird Dein Hochmuth gebrochen
sein", so ruft er dem Sohne der Hagar zu, Grätz VI, 160, Geiger u. a. O.
80 f., Zunz s. P. 21. Ueber die Zeitverhältnisse vergl. Aschbach a. a O. I,
208 f. Vielleicht haben auch die vielen Kirchenversammlungen, auf
denen den Moslemen Vernichtung geschworen, der Kreuzzug für Spanien
und Palästina gleichzeitig gepredigt wurde, die Phantasie des Dichters ermuthigt s. Schäfer II, 310 f.

[4]) Vgl. im Divan Nr. 12: קלני על כבד שמך כבדי „Der Schimpf ob
deines Namens Ehr' kann mich nur ehren", Nr. 26: די ל כבד שמך
„Ich lass' an deines Namens Ehr' es mir genügen", Nr. 27 Z. 3—4.

und sah sein Volk schmachtend in der Sklaverei[1]), das Gefühl
der Fremde kam über ihn, ihm brannte der Boden unter den
Sohlen. Der Aufenthalt in seiner unduldsamen Umgebung fing
an widerwärtig und unerträglich zu werden. Rechtskränkungen
und Bedrückung seiner Glaubensgenossen[2]) waren es nicht
allein, was dem glaubenswarmen Dichter an die Seele griff.
Die Unduldsamkeit der Feinde begann nicht nur ihre Grausam-
keit, sondern auch die Künste zu entfalten, die sie stets zur
Lockung und Werbung bereit hat. Bekehrungsversuche[3]) scheinen sich gehäuft zu haben, und nicht[4]) Alle besassen die

---

[1]) Vgl. Divan Nr. 7 Z. 4; Nr. 13 Z. 4; Nr. 21 Z. 5; Nr. 25 Z. 4.
Schliesst er doch zuweilen selbst in Hochzeitsgedichten mit dem
glühenden Gebet und Wunsch um Israels Erlösung, Virgo p. 33,
34, 48 Nr. 20.

[2]) Nr. 41, 43, 44 im Divan, ebenso die künstlerisch so vollendeten
synagogalen Gesänge Nr. 67, 68, 74 beweisen die Leiden, welche die
Juden damals zu erdulden hatten.

[3]) Divan Nr. 74 Z. 7 bezieht bereits Luzzato ib. f. 32b A. 5 auf
die Versuche der Christen, die Juden zur Abschwörung ihres Glaubens
zu verlocken. Vielleicht bezieht sich diese Stelle auf einen siegreichen
Einfall der Christen in Andalusien, bei welcher Gelegenheit selbst
jüdische Frauen, die in die Gefangenschaft fortgeschleppt und zur
Annahme des Christenthums verleitet wurden, heldenmüthige Stand-
haftigkeit bewiesen. Hierdurch allein erhält die dritte Strophe ver-
ständlichen Sinn, wie schon die Worte zeigen: ולאליל תמוות מאני לעטת.
Vgl. die ähnliche Klage Levi al-Tuban's bei Sachs a. a. O. S. 290 A. 1.
Dass es auch die Araber nicht an Vergewaltigung der Juden haben
fehlen lassen, zeigt dasselbe Gedicht J. H.'s, da er mit der Bitte
schliesst מורד ומכסאו הורד בן ראמה Und stürz ihn vom Thron, der Sklavin
entarteten Sohn. Ueber diese Bezeichnung der Araber vgl. die Nachweise bei Zunz, syn. Poesie S. 444—5.

[4]) So scheint das Aufgeben der religiösen Bräuche stark um sich
gegriffen zu haben. Divan No. 79 Z. 9—10: תתרע קידר וישמן אך בשל
ראמת ישיא bedeutet wohl nur, dass Juden den Sonntag der Christen
und den Freitag der Moslemen statt ihres Sabbats gefeiert haben.
Die Uebersetzung dieser Worte in Geiger's jüdische Dichtungen S. 26:
„Uns täuscht nicht euere Wirrsal, uns ist die Wahrheit eigen" enthält
die entgegengesetzte Auffassung. Auch Kusari IV, 11; S. 324 besagen
die Worte: אלידם בסטוטינו [ar. נחתיל = l. נחתיל] ואנוע עמרוב הימם משתרם [משתנים],
dass seine Zeitgenossen allmählich die angestammten Satzungen nach
Arabern und Christen zu verändern sich herbeigelassen haben.

Kraft, mit der ein Mann wie er sie zurückwies, wenn sie selbst an ihn [1]) heranzutreten wagten. Und dazu gesellte sich noch die gar nicht hoch genug anzuschlagende Veränderung, welche die liebevolle Versenkung in die Ideen des Judenthums in dem Wesen dieses wunderbaren Mannes hervorrief. Die fremden Weisen, [2]) in denen er dichtete, erschienen ihm nun wie eine Entheiligung der Sprache, deren Göttlichkeit und Vollendung er eben verkündete. Salomon Parchon [3]), sein Schüler, überliefert von ihm, dass er ein Gelübde gethan, dem fremden Sange zu entsagen. Und wirklich scheinen mir die von arabischen Metren freien religiösen Gesänge Jehuda's gerade diejenigen zu sein, die in die Zeit fallen, da die Gedanken des Kusari in ihm zu wogen begannen. Als der Chazarenkönig seinen jüdischen Lehrer fragte, warum er trotz all der von ihm gepriesenen Herrlichkeit Palästina's nicht dahin auswandere, da liess der Dichter, vom Gefühle übermannt, den Meister für sich selber mit der Antwort eintreten: König von Kusar, du hast mich beschämt[4]). Ihm schien es ein Widerspruch, Sehnsucht zu bekennen und deren Verwirklichung unversucht zu lassen. Als lernte er es zum ersten Male kennen, so mächtig und hinreissend wirkte auf

---

[1]) Dass man ihn selber zu bekehren versucht hat, scheinen mir die Worte: אדי אמנה לא אמדה. גם את ברית לא אשירה Brüder! nimmer tausch ich meinen Glauben, lass nimmer meine Treu' mir rauben (Orient 1850 LB. S. 492) deutlich zu beweisen. Ebenso dürfte Divan f. 20 b Z. 15—16 von den feilen Ueberläufern zu verstehen sein, denen er sich nicht anschliesen kann. Auch scheint der Meister, der Kusari V, 25 erklärt, dass er niemals seiner Herren Gunst erwerben werde und lieber darum sich auf die Pilgerfahrt begebe, eben der Dichter selber zu sein, der sich durch Uebertritt zu fremdem Glauben nicht Gunst erwerben mochte

[2]) Vgl. die Nachweise für diese formelle Veränderung in seiner Poesie Anhang IV.

[3]) In seinem Lexicon (ed. Stern p. XXII A. 16) nennt er J. H. unter seinen Lehrern. Er benutzt den Kusari, den er oft stillschweigend citirt. Vgl. z. B. das Nachwort am Schlusse mit Kusari II, 72 Anf., Cassel a. a. O. S. 170 A. 5 und meine Attribl. S. 183 A. 143.

[4]) II, 23 und 24. Künstlerisch ist dieser innere Fortschritt des Dichters dadurch im Kusari ausgedrückt, dass der Meister, nachdem er den Lehrinhalt des Judenthums erschöpfend entwickelt, unaufhaltsam an die Ausführung eines Entschlusses schreitet, der ihm am Beginne seiner Unterredungen mit dem Chazarenkönig kaum noch entfernt vorgeschwebt hatte.

ihn der Anblick des immer tiefer von ihm erfassten Judenthums. Er fühlte das Bedürfniss, sich ganz ihm hinzugeben, die volle Reinheit seiner Seele durch dessen genaueste Beobachtung herzustellen; ihm war der Unterschied zwischen dem Gott des Aristoteles und dem Abrahams [1]) in dem Gedanken aufgegangen, dass dieser Märtyrer erzeuge. Ein Gefühl der Verschuldung, der tiefsten Sühnebedürftigkeit ergriff sein Innerstes, es stand ihm fest, dass er zu seiner Läuterung etwas opfern müsse; die Neigung ward zur Sehnsucht, aus dem Wunsche ein Gelübde. Aber es ist nicht ein dunkler Drang, der ihn fortzieht, ein unbestimmtes Gefühl erfrömmelter Sündigkeit, das ihn bedrückt, nein, eine Schuld aus alten Tagen sehen wir vor ihm auftauchen, tiefe Klagen ob seiner Jugend Sünden hören wir aus ihm hervorbrechen. Was es wohl gewesen sein mag, was den zur Weihe eines Propheten herangereiften Dichter zu dem Entschlusse gedrängt hat, durch ein Opfer sich zu sühnen, um den theuersten Preis die Ruhe und Reinheit seiner Seele zurückzukaufen? Nur leise Andeutungen hat er uns hierüber hinterlassen, vielleicht gestatten sie uns gleichwohl hinter das Geheimniss seines Herzens zu dringen. Ich stehe nicht an zu vermuthen, [2]) dass auch seine Seele alle Zweifel des Unglaubens durchzukämpfen hatte, dass auch sein Denken einst ruhelos aus dem Heiligthum getreten und bei fremden Weltanschauungen umhergeirrt war, ehe der Friede in ihm einkehrte und der Glaube ihm zur Natur wurde. Das mag ihm denn jetzt wie eine Verunreinigung auf der Seele gelastet und den Entschluss befestigt haben, seine Tage auf geheiligtem Boden zu beschliessen. Wohl war seine Stellung eine bedeutende, mit Glücksgütern gesegnete, [3]) wohl war sein Hauswesen ein erquickendes, von himmlischem Frieden verklärtes, wohl erblühte ein herrlicher Enkel Jehuda, der Sohn seiner einzigen Tochter und Herzensfreundin, unter seinen Augen,

---

[1]) IV, 16 und meine Attributenlehre S. 233 f.
[2]) Die Nachweise für diese Vermuthung s. in Anhang V.
[3]) Wenn auch Gedalja ibn Jachja's Nachricht a. a. O. f. 41a von den grossen Reichthümern J. H.'s übertrieben sein mag, so beweist doch Divan Nr. 9 Z. 19—20, dass er Vermögen in der Heimath zurückgelassen, wie denn auch die Zurückweisung aller Geschenke z. B. Virgo p. 60 seine Wohlhabenheit verräth. Vgl. auch Virgo p. 18 und 110.

wohl hingen Asarel und Isak, [1]) nach Einigen der Sohn seines
Freundes Abraham ibn Esra, als hoffnungsreiche Schüler an
seinen Weisheit überströmenden Lippen, einen Augenblick
siegte die Liebe, schwankte der Entschluss, aber da scheint er
die Gattin [2]) durch den Tod verloren zu haben, und fort vom
Herzen des Geliebtesten riss es ihn zur Wohnstadt seines
Gottes. Vielleicht hat er unverzüglich die Feder, die er nach
1140 von dem eben beendigten Kusari [3]) absetzte, mit dem
Wanderstabe vertauscht. Jetzt galt keine Widerrede, allen
Versuchen ihn zurückzuhalten, allem Drängen [4]) stemmte er sich
entgegen, die Seele voll von glühender Sehnsucht und Lieder-
blüthen treibend in alter Jugendlust.

O! Stadt der Welt, du, schön in holdem Prangen,
Aus fernem Westen sieh nach dir mich bangen.
. . . O! hätt' ich Adlersflug, zu dir entflög' ich,
Bis deinen Staub ich netzt' mit feuchten Wangen.
Mich zieht's zu dir, ob auch dein König fort,
Ob auch, wo Balsam troff, jetzt nisten Schlangen.
O! könnt' ich küssen deinen Staub, die Scholle,
Wie Honig süss dem liebenden Verlangen!   (Sachs.) [5])

Er hat den Vorgeschmack der Unsterblichkeit an dem
Ruhme genossen, der nun auf seiner Pilgerfahrt allerorten ihn

---

[1]) Alles dies ergiebt sich aus dem unnachahmlich zarten Liede
Virgo p. 62 f. Vgl. Geiger, Jüdische Dichtungen S. 25, Kämpf a. a.
O. I, 260 f. Seiner Tochter gedenkt er Divan Nr. 9 mit den Worten:
אחות נפשי והיא לי רק יחידה Seelenschwester, ach! mir einzige! Vgl. Sulzbach a. a. O. S. 6. Ueber Asarel und Isak s. den Anhang II.

[2]) Sein Schwanken und Entschliessen malt Divan Nr. 8. Vielleicht
darf Z. 3 in den Worten עלילות לנוד — Grätz VI, 162 erblickt darin
„eine Veränderung in seinen Lebensverhältnissen, die er nur andeutet"
— die Angabe von dem Tode seiner Frau gefunden werden, deren er
sicher auf der See Virgo p. 62, Divan Nr. 9 gedacht hätte, wäre sie
bei der Abreise noch am Leben gewesen.

[3]) Für das Datum der Abreise kann hieraus nichts mit Sicherheit
geschlossen werden, da 1140 im Anfange des Buches I, 47 auftritt.

[4]) Vgl. besonders Virgo p. 64, wo er nur stummes Schweigen
allen Vorwürfen entgegenzusetzen erklärt.

[5]) a. a. O. S. 291 f. nach Divan Nr. 1. Süsser denn Honig ist ihm
der Staub Palästina's, Divan Nr. 1 l. Z., Nr. 4 Z. 4, Nr. 16 Z. 12,
Zions Trümmer sind ihm theuerer als Spaniens Herrlichkeit Nr. 7
Z. 5 6, Sachs S. 292.

umdrängte. Von der spanischen Küste begab er sich zu Schiffe, offenbar in der Absicht, erst in Palästina [1]) zu landen. Widrige Stürme verbitterten seine Meerfahrt und schienen mehr als einmal der Todesgefahr [2]) ihn nahegebracht zu haben. Aber ob auch unter ihm nur die endlose Wasserfläche, über ihm der unermessliche Himmel, neben ihm die Rohheit seiner Schiffer, [3]) ob auch die Fluth tobt und tost, als hätte sie's dem Aufruhr seines Gemüthes abgelauscht, [4]) wie der Regenbogen über der Sündfluth wölbt sich über der Trostlosigkeit seiner Lage mit beseligendem Scheine das Gottvertrauen. Die Heimath mit allem Süssen, was er zurückgelassen, steigt vor seinem Auge auf und Lieder entströmen seiner Seele, die an Schmelz und Wohllaut mit Lamartine, an eindringlicher Gefühlskraft mit Lord Byron wetteifern. Das Rasen des Sturmes, er löst es in Harmonie auf, die heulende Brandung gewinnt Sprache in seinem Lied.

> Die Stürme sausen,
> Die Wogen brausen,
> Erregen Grausen, —
>   Es schwindet der Muth;
> Der Himmel — umhüllt,
> Die Brandung brüllt,
> Der Tiefe entquillt
>   Die schäumende Fluth;
> Es kocht und schwillt,
> Es pocht und schrillt,
> Und keiner stillt
>   Die rasende Wuth. . . . .
> Auf Ihn, der umlichtet,
> Ist mein Auge gerichtet, —
> Der Pfade richtet
>   Durch der Strömungen Kreis . . . .
> Muth gab den Bedrohten
> Die Stimme des Boten,

---

[1]) Vgl. besonders Virgo p. 78, 1 und p. 66 das Gedicht an den Westwind und p. 69, wo er dem Schiffe zuruft, erst am gelobten Lande stillzuhalten. S. dagegen Kämpf a. a. O. I, 283.

[2]) Vgl. Divan Nr. 9, Virgo p. 65 f. Nr. 11, 12 und p. 72.

[3]) Vgl. Virgo p. 64 - 5, 66 Nr. 12: אבל מים ושמם ותבה.

[4]) Nach seinem eigenen Bilde Divan Nr. 9: באלו מקרבי הוא למדה.

3*

Den der Himmel entboten,
Zu helfen, zu retten.
Solch Heil — o es werde
Der gepeinigten Heerde!
Dem Stamm der Beschwerde,
Der schmachtet in Ketten! . . . .
Die Glaubensgetreuer!
Es schwindet der Schleier —
Schau'! himmlisches Feuer —
Gott endet dein Wehe! — (Kämpf.) [1]

Aber vergebens hatte er in berückenden Schmeicheltönen
den Westwind besungen, der ihn gen Osten führen sollte, er
musste es wie eine Lebensrettung begrüssen, als er in Alexandria
landen konnte. Das Haus des angesehenen Ahron ben Jeschua
Alamani [2] war stolz darauf, ihm seine Gastfreundschaft anbieten
zu dürfen. Sein Aufenthalt in Egypten, wo er mit Abraham
ibn Esra [3] sich begegnet zu haben scheint, glich einer Kette
von Festtagen, die Freunde und Verehrer ihm zu bereiten
beeifert waren. Eine stürmische Einladung des Fürsten Samuel
ben Chananjah [4] zwang ihn, Cairo zu besuchen, wo er an der
Auszeichnung, die ihm zu Theil wurde, die anbetende Verehrung
wahrnehmen konnte, die alle Herzen für ihn hegten. Hier hat
die Muse seiner Jugend einen Nachsommer [5] erlebt, der noch

---

[1] a. a. O. l, 278 ff. nach Virgo p. 75 f. Bewunderungswürdig ist
die Naturwahrheit in den Vergleichen und Bildern des stürmisch auf-
geregten Meeres, z. B. ib. p. 66 Z. 7—8, p. 71—72 das Thürmen und
Jagen der Wogen, das Heulen der Fluth p. 75, die trunkenen Schwan-
kungen des Schiffes p. 76.

[2] Ihm und seinen Söhnen sind die Lieder Virgo p. 77—83, 99—104
gewidmet. Vgl. Geiger, Divan S. 95, 162 f., Grätz VI, 164, Kämpf
I, 284.

[3] Salomon Parchon berichtet a. a. O. f. 4 b col. 1: וכשבאי ר יהודה הלוי
דל ור אברהם בן מרא שך לאפריקי. Sollte diese Zusammenkunft 1140 in
Aegypten stattgefunden haben? Vgl. Grätz VI, 452 f. über das Datum
von Ibn Esra's Wanderung. Ueber eine andere Bedeutung von Afrika
in älteren Quellen s. Harkavy in Geigers Jüd. Ztsch. V, 34 ff.

[4] Vgl. über ihn Grätz VI, 164 f. Auch mit dem Gelehrten Nathan
ben Samuel scheint innige Freundschaft ihn verbunden zu haben.
Vgl. ib. 165 A. 5, Geiger a. a. O. S. 95, Zunz syn. Poesie S. 218.

[5] Vgl. seine eigenen Aeusserungen im Briefe an Ahron Alamani
Virgo p. 117—8 und das Gedicht p. 100 Nr. 39. S. auch Geiger a. a. O.
S. 96 f., 163 f., Sachs a. a. O. S. 297.

einmal den heiligen Sänger und Seher Wein und Liebe besingen
liess und neuen Preis der Frauenschöne zeitigte. Aber es
musste geschieden sein und weiter ging's nach Damiette, der
Hafenstadt, wo ein glühender Freund, Chalfon Halewi [1]), seiner
harrte. Aber hier sollten die Kämpfe der Heimath aufs Neue
entbrennen. Wieder wurde er mit Gründen und Lockungen
bestürmt, die ihn an Egypten [2]) zu fesseln bestimmt waren,
Chalfon wollte durchaus seinen Entschluss zur fortgesetzten
Pilgerfahrt rückgängig machen. Jetzt galt es sich aufzuraffen,
der verführten Neigung [3]) zu widerstehen. Er hatte nicht umsonst

[1]) Vgl. Grätz VI, 166, Geiger S. 163, Luzzato Virgo 89 A. 2 u. 111 A. 2.
Im Oxforder Divan מחזה יהודה (Neubauer's Catalog p. 647) trägt Nr. I, 199
(6 Z.) הגיחם הגביר חלפן die Ueberschrift: ולה פ׳ אלמדביר אביאת בעתרא
אליה ללמריה. Chalfon scheint also in Almeria, der damals grössten
Handelsstadt Spaniens (Edrisi II, 46 f.), gewesen zu sein, wohin ihm
J. H. ein Gedicht schickte, wodurch Luzzato's Vermuthung a. a. O.
bestätigt wird.

[2]) Wohl trägt das Gedicht Virgo p. 70: התרדוף נערות in der Oxforder
Sammlung (a. a. O. p. 649 Nr. I, 261) die Ueberschrift: יפ׳ אלבחר ארצא,
wonach es auf dem Meere gedichtet wäre, allein diese ist aus dem
Inhalte falsch erschlossen. Man braucht das Gedicht nur mit dem
Schlusse des Briefes an Nathan ben Samuel aufmerksam zu vergleichen,
um zu dem Schlusse zu gelangen, dass es gegen Chalfons Versuche,
den Dichter an Damiette zu fesseln, gedichtet ist. Vergl. zu diesem
Zwecke nur:

Virgo p. 70 Nr. 15 התרדוף נערת אזר המטים mit p. 115: ואיזר את השחרות
ib. ורמך להתשסף חמשים mit ib. ואכחש את השיבה
ib. p. 71 ואל תלך לך לקראת נחשים mit קשמו הבהילו חרטומו הגרילו
ib. ונבור כלישם mit ib. וים האיר יכלתי

Hiernach ist Geiger's Darstellung a. a. O. S. 82, 160 und vollends
Kämpf a. a. O. I, 247 zu berichtigen. Gerade die malerische Anschau-
lichkeit der Sturmbilder beweist es, dass er das Meer bereits gekannt
haben müsse, aber trotzdem entschlossen war, sich ihm nochmals
anzuvertrauen.

[3]) J. H. hat in Damiette länger gezögert, als er selber erwartet
haben mochte, weshalb er auch Virgo p. 70 sich den Vorwurf macht:
ותוצל להצטר לדרך. Chalfon scheint ihn dazu haben bewegen zu
wollen, dass er seine ärztliche Praxis in Damiette wieder aufnehme.
Sie ist das „Linsengericht", von dem er a. a. O. spricht, sie aber auch
der „Handel", von dem er in dem Briefe an Samuel ben Chamanja
(Virgo p. 112) berichtet. Vielleicht entschuldigt er sein langes Säumen
in Damiette, das Samuel auffallen musste, bei dem er nicht lange in
Cairo sich aufhalten wollte. Hiernach wäre Cassel, Kusari S. 2 A. 17
und Grätz VI, 165 A. 2 zu berichtigen.

den Kusari geschaffen, ihm klang es im Ohre, wie er da so zart
die Wechselrede im hohen Liede gedeutet:[1] „Horch, mein
Geliebter klopft", Gott ruft zur Rückkehr — „Mein Haupt ist
voll Thau", das ist der Gottesgeist, der aus dem Schatten des
Tempels getreten, hinaus in den Nachtfrost des Exils. Wohl
staunte er auch in Egypten[2]) die Stätten an, wo Gott gewalte`,
die Strassen, durch die seine Allmacht hingezogen, wohl war
Palästina in den Händen der Christen[3]), aber ihm war es auch
so allein[4]) der Boden, auf dem wahrer Gottesdienst, Erfüllung
des jüdischen Gesetzes möglich ist; die Alten wussten, was sie
sagten: Wer vier Ellen[5]) Palästina's beschritten, sei der Seligkeit
gewiss. Hier in Damiette ist das erhabene Lied gedichtet, das
getreu den Zustand seiner Seele spiegelt, Furcht und Hoffnung,
Wehmuth ob der Trennung und glühende Sehnsucht nach dem
geliebten Land.

> Hat immer noch die Lust kein Ende,
> Erwacht noch immer neu und wild?
> O, folg` ihr nicht und nicht den Sinnen,
> Folg` Gottes Rath, werd` weise, mild! (Geiger.)[6])

Was Heimath, Kind und Enkel nicht vermocht, das konnte
dem Freunde nicht gelingen, schmerzerfüllt, aber ohnmächtig
der heiligen Begeisterung gegenüber musste er, wie der Chazarenkönig seinen Meister, den Dichter ziehen sehen. Maasslose Leiden
scheint der vornehm[7]) gewöhnte Pilger ertragen zu haben. Wie
er so hinschritt über den Gluthsand der Wüsten, von Raubthieren
und Räubern geschreckt, aber in schmelzenden Liedern sein
Herzblut verströmend, war er auch in seiner Person ein Bild

---

1) II, 24; S. 127.
2) Vgl. Virgo p. 106 f., 109 und Geiger a. a. O. S. 100, 164.
3) J. H. wusste, dass Jerusalem selbst in den Händen der Christen
war. So klagt er Divan Nr. 74: אהל׳ במה לאהל׳במה, dass die Christen
den Tempel besetzt halten, wo Luzzato f. 32b, A. 20a mit Unrecht den
Dichter corrigiren will, Nr. 78 Z. 11: שבנה לכיה ביתך פנימה, wo er die
Löwin Edom = Rom mitten im Tempel lagern lässt.
4) Vgl. Kusari II, 20; S. 120 und II, 22.
5) Ib. S. 124. Auch war es seine Sehnsucht, im heiligen Lande
bestattet zu werden. Vgl. Virgo p. 110: והיות שם מלך אבתי מלוני nach
Zunz, Zur Geschichte S. 361 A. f.
6) a. a. O. S. 83 nach Virgo p. 70—71.
7) Vgl. besonders Virgo p. 62 f.

des mittelalterlichen Israel, das in Druck und Verfolgung nur
immer inniger angetrieben ward, dem Alleinen zu lobsingen.
In Tyrus [1]) treffen wir ihn zum ersten Male auf dem Landwege
nach Palästina. Auch hier fand er begeisterte Aufnahme und
hingebungsvolle Freunde. Der Mann, der mit gerechtem Stolze
stets Geschenke von sich wies und auf seine reichen Mittel sich
berief, scheint jetzt nur noch das nackte Leben gerettet zu haben
und mit gebleichtem [2]) Haare der Hülfe von Freunden bedürftig
geworden zu sein, die er stets abgelehnt hatte. Nur bis
Damaskus können wir ihn verfolgen, von da ab verlieren wir
seine Spur. Hier soll er einer alten Ueberlieferung [3]) zufolge
den Schlussgesang seines Lebens gedichtet haben. Was konnte
die Blüthe der Blüthen, der Gipfel der Vollendung anderes sein
als seine Zionide?

> Willst, Zion, du nicht auch entbieten
> Den Flüchtlingen den Gruss und Frieden,
> Der Heerde Rest, die weit versprengt
> Und dein in warmer Liebe denkt?   (Geiger.)[4])

Es ist eine poetische Erfindung, [5]) in der die Dankbarkeit
des dichtenden Volksgeistes sich ausspricht, dass er vor den
Thoren Jerusalems, den geliebten Boden mit seinen Thränen
netzend, dieses Lied sang, als ein dahersprengender Sarazene mit

---

[1]) Vgl. Ginse Oxford p. 19, 21, Geiger a. a. O. S. 104, 165-f.,
Grätz VI, 167. Es scheint, dass er vom Süden aus nach Palästina zu
Lande zu gehen versucht und die ganzen Leiden der Wüstenwanderung
zuvor an sich erfahren habe, ehe er sich entschloss, zu Schiffe von der
Küste aus das heilige Land zu erreichen. Vgl. Virgo p. 109 Nr. 44,
Luzzato's Bemerkung ib. p. 26, wogegen Geiger a. a. O. S. 165 sich ohne
Grund erklärt. Die unmögliche Annahme einer Durchwanderung
Jemens bei Geiger a. a. O. S. 103 f. und Cassel, Kusari S. 2 A. 18 hat
bereits Derenbourg im Journal asiatique 1865 II, p. 270 A. 2 zurück-
gewiesen.

[2]) Vgl. Divan Nr. 42 Z. 4: מלאכי שיבה, Ginse Oxford p. 44: יונה ראשך
חופפת oder: אחר אשר התלבנה רמטלפת. Vgl. Geiger a. a. O. S. 44.

[3]) Vgl. Ginse Oxford p. IX A. 1, Grätz VI, 167.

[4]) a. a. O. S. 67, 157. Luzzato's Bemerkung Divan Nr. 16; f. 6b A. 3
verliert ihre Beweiskraft, sobald man annimmt, dass das Lied in
Damaskus gedichtet sei.

[5]) Vgl. die Sage bei Gedalja ibn Jachja a. a. O. f. 40b und die
Widerlegung bei Luzzato Virgo p. 26 und Geiger a. a. O. S. 157. Vgl.
dagegen Kämpf a. a. O. I, 288.

dem Hufschlag seines Rosses dem Leben des Sängers ein Ende
machte. Es ist dies nur ein anderer Ausdruck für das Gefühl,
dass die Seele, die solches gedichtet, mit dem letzten Aushauch
dieser Klänge den Himmlischen sich beigesellte, dass die Unsterblichkeit beginnt, wo dies Lied abgebrochen. Sicher ist,
dass er seinen Freund Mose ben Esra überlebt [1]) hat; keine
Nachricht überliefert uns sein Ende. Geheimnissvoll, wie der
Wandelstern sich verliert im schweigenden Himmelsraum, schliesst
seine Laufbahn. Er ist auf Erden erloschen, um in immer
steigendem Glanze als Leuchte am Himmel seines Volkes zu
strahlen, als die erhabenste Erscheinung, die es in der Zeit
seiner Leiden hervorgebracht. Er allein hat sich ganz eingesetzt
zu seinem Preise, seine Lieder galten Zions Herrlichkeit, seines
Geistes Arbeit dem Kleinod Israels. Darum bleibt er nimmer-
alternd in ewiger Jugend stets gleichsam der modernste Geist
unter den jüdischen Denkern des Mittelalters, weil er mit dem
Ewigen und Unveränderlichen in der Menschenbrust, mit dem
Gefühl, das Judenthum erfasst hat, während die Uebrigen mit
Gedanken es zu stützen vermeinten, die wohl in ihrer Zeit dem
Gipfel der Speculation entsprachen, auf die der nachgeborene
Enkel jedoch vornehm herabsieht. Nicht Verehrung, nicht
Bewunderung, Liebe allein ist das wahre Gefühl, das seine
Persönlichkeit uns einflösst. Mit den Jahren seines Volkes steigt
die Grösse seines Ruhmes; sein Stolz und sein Tröster, Israels
treuer Wardein, so ragt er durch die Zeiten, dem Tage ent-
gegensehend, von dem die Propheten gekündet. Und so gilt
von ihm selber, was er im Hinblick auf Zion als letzten Klang
seiner Leier entlockt hat:

Drum Heil dem Mann, der harrt in Treue,
Bis einst dein Glanz erstrahlt aufs Neue.
Dem Manne Heil, der's mitgeniesst,
Wenn wieder Jugend dir erspriesst! (Geiger) [2]).

---

[1]) Vgl. Ginse Oxford p. V A. 2 und Neubauer's Catalog p. 654 o², wo die Ueberschrift lautet: עזרה ז' מרתיה לדרם ר' משה בן ל"י „Todtenklage auf R. Mose ben Esra." Luzzato hat sie in Grätz' Blumenlese p. 89 ff. mitgetheilt.
[2]) a. a. O. S. 70, Divan Nr. 16; f. 6 b.

ANHANG.

Nach der Weise der jüdischen Dichter (s. Sachs a. a. O.
S. 277, 1), auch ihre Heimath zuweilen in ein Akrostichon ein-
zuweben, hat auch J. H. in den akrostichischen Worten: בא מאדום
Castilien als sein Geburtsland bezeichnet. Dass hierin nicht
Omedo gefunden werden dürfe, hat bereits Sachs S. 287, 1 gegen
Dukes, Moses ben Esra S. 76 Anm. bewiesen. מסעיר זרח rühmt
Mose b. Esra von seinem jungen Freunde, um seine castilische
Abkunft auszudrücken, s. Dukes a. a. O. S. 98. Den Namen
Castilier finden wir darum häufig ihm beigelegt, vgl. Geiger,
Divan S. 115 und Landshuth a. a. O. I, 72. Dass er aber aus
Toledo stamme, hat zuerst Steinschneider Cat. Bodl. p. 1801—2
aus den Worten Mose b. Esra's in seiner Poetik gezeigt: ואבו
אלחסאן בן אללי אלנאץ על אלדרר צאתב אלנאדר ואלנדר [אלאנדר]. ו] ואבו אסחק
בן עזרא מן אלמתכלמן אלפצחא אלבלגא מלתלוא [מלתלוא] אהם[אלם[קרטבאן
Abu-l Hassan Ibn Allâwi, der Perlentaucher und Meister der
seltensten Kostbarkeiten und Glanzgedichte und Abu Ishak Ibn
Esra, der wohlredendsten, sprachgewaltigsten Denker einer, beide
aus Toledo, später in Cordova.

Für sein Geburtsjahr ist jedoch bisher weder ein bestimmtes
Datum noch ein entschiedenes Moment aufgefunden worden.
Sowohl der angebliche terminus a quo als ad quem sind von so
dehnbarer Art, dass deren E l a s t i c i t ä t s g r e n z e nur vermuthungs-
weise annähernd bestimmt werden kann. Luzzato war der
Ansicht, dass das Gedicht Virgo p. 25 bei Lebzeiten Isak ben
Baruch Albalias verfasst sei, J. H. also bereits vor oder spätestens
1094 gedichtet haben müsse. Im Oxforder Divan מצה יהודה
I, 93 lautet die Ueberschrift bloss: ולה פי ר'.יצחק ב:ר' ב:ך ז'ל.
Rappoport (Kerem Chemed VII, 266) hat es aber durchaus
wahrscheinlich gemacht, dass in diesem Gedichte von dem Grossvater Isak Albalia als von einem Verstorbenen gesprochen werde,

— dass der Vers אל בן מלאבי אל מהלבים ילי den todten Isak bezeichne, beweist die gleiche Wendung in der betreffenden Todtenklage auf Mose ben Esra את יתן מהלבי בן ברבתי בן ברביו ומלאבי (Blumenlese p. 91) — eine Auffassung, die weder durch Edelmann's (Ginse Oxford p. XI) noch durch Kämpf's Einwendungen (a. a. O. I, 247, II, 224) widerlegt wird. Geiger a. a. O. S. 118 hat auch aus einem anderen Gedichte J. H.'s zu zeigen versucht, wie unwahrscheinlich es sei, dass Baruch Albalia 1094 oder gar früher bereits zur Geburt eines Sohnes beglückwünscht worden sein sollte. Edelmann hat aber a. a. O. p. XIII noch ein zweites Gedicht mitgetheilt, bei dessen Abfassung Isak Albalia ebenfalls noch gelebt haben soll. Nun ist aber in dem Ganzen von einem Grossvater Isak gar nicht die Rede und vielleicht schon darum die Leseart zu beachten, die Neubauer (Catalog p. 612 Nr. 12) anführt: מיר צחק בן ברק יתלה מיר, da J. H. auf diesen mehrere Gedichte verfasst hat, s. Virgo p. 19 und ib. Nr. 31. Vgl. auch im Divan Mose b. Esra's bei Neubauer a. a. O. p. 665 Nr. 158 u. 160. Eben so wenig lässt es sich beweisen, dass er in männlich kräftigem Tone 1103 bereits den Amtsantritt Josef ibn Migaschs besungen habe, denn die Angabe, dass das Gedicht רדיי ביים סרבי (Ginse Oxford p. XII f.) auf diesen Anlass sich beziehe, beruht, wie mir Steinschneider mitgetheilt hat, auf einer als Behauptung auftretenden Annahme Edelmann's. Die Ueberschrift im Oxforder Divan enthält nur die Worte: ל ז הלד יסף רבתי פי יתלה. Ich möchte aber überhaupt, gestützt auf die folgenden Gründe, die Vermuthung aussprechen, dass dieses Gedicht gar nicht J. H. zum Verfasser habe: 1) Z. 6 erscheint in den Worten: צלח לי בנד ותל Lewi als Eigenname, ein Grund, aus dem der zweite Sammler des Divans, Jeschuah ben Eliahu, in seiner eben so kritischen als feinsinnigen Vorrede auch Gedichte mit dem blossen Akrostichon Lewi dem Abu-l Fihm Levi al-Taban zuschreiben möchte (Geiger, Divan S. 173) und der Sammler des יהדה מהנה (Neubauer p. 649 Nr. 296) trotz des Zeugnisses von Ibn Alkasch u. Chijja's die Autorschaft J. H.'s an einem Gedichte mit dem Akrostichon Lewi bezweifelt. Z. 7 vervollständigt nur das Bild vom Lewiten. 2) Z. 7: עלומי לימי וישוב kann J. H. im Jahre 1103, in welchem wahrscheinlich das Gedicht abgefasst ist, nicht von sich aussagen. 3) Die aufeinandergehäuften Bibelverse passen schlecht zu dem Namen J. H.'s, der nur in den Schlüssen seiner Strophen Schriftstellen anzuwenden liebt, von denen dann Zunz's Worte gelten: „Wenn das Gedicht in seinen Schlusssatz mündete, erklang vor dem Ohr der Versammlung der Ton eines bewährten und verehrten Freundes als ein, alles bis dahin Gehörte bestätigendes, heiliges Ja" (Syn. Poesie S. 96). 4) Auch die Uebertreibungen wie pag. XIII Z. 10 sind nicht J. H.'s Art. Vgl. dagegen Grätz VI, 128. Wenn aber bei diesem Gedichte

der Inhalt wenigstens dafür spricht, dass es 1103 dem neugewählten Rabbiner von Lucena gewidmet wurde, so ist aus dem
Ginse Oxford p. 40 mitgetheilten schlechterdings nicht ersichtlich,
worauf gestützt es Geiger a. a. O. S. 43, 144 als „bei seinem
Amtsantritte" gesungen bezeichnen durfte. Im מנה יהודה II, 11
trägt es nur die Ueberschrift: מיה משח מי רב יוסף הלי ז׳׳ל. Sicher
ist es, dass J. H. im vorgerückten Lebensalter seine Pilgerfahrt
antrat, vergl. oben S. 39 A. 2. Dass er bald nach 1140 Spanien
verlassen, möchte ich auch aus dem Umstande ableiten, dass wir
kein Klagelied auf den Tod Josef ibn Migaschs, der im Ijar 1141
gestorben ist, von ihm überkommen haben. Das Gedicht Virgo
p. 70 ist, wie ich oben S. 37 A. 2 zu zeigen versucht habe,
in Damiette verfasst. Keinesfalls darf aber der Ausdruck: אדר חמשם,
wie bereits Edelmann a. a. O. p. XII gegen Rappoport a. a. O.
p. 267 eingewendet, wie ein chronologisches Datum gepresst
werden. Es kann somit nach dem bisherigen Stande der Wissenschaft nur das letzte Viertel des eilften Jahrhunderts als die
muthmaassliche Zeit aufgestellt werden, in die seine Geburt
gefallen; für ein bestimmtes Jahr derselben sehe ich vorläufig
noch keinen Anhaltspunkt.

Ich theile zum Schlusse aus Machsor Avignon Ms. Nr. 59
ein Gedicht mit, das ich der Güte Halberstams verdanke. Der
Sammler des Divans Jeschuah hat es, obzwar das Akrostichon
Lewi ihm gegen die Autorschaft J. H.'s zu sprechen scheinen
musste (Geiger a. a. O. S. 173), unter dessen Gedichte aufgenommen,
s. Luzzato Divan S. 14 Nr. 86 und Neubauer a. a. O. p. 660.
Das Gedicht ist ein Zusatz zur dritten Tefillanummer im Schacharit
der Festtage, ein Meschalesch, vgl. Landshuth a. a. O. I, 71 Nr. 33
und Zunz, syn. Poesie S. 65 h, wo die Benennung erklärt ist.
Sowohl Zunz als Landshuth haben es übergangen.

מטלש.

לובר חכמם בטרמם ומסכל עצת נבוי
לובש בנד נקם להנקם ל ממוני
כמטט נאשתי מטיב בהבן צר מטבח לבני
לולא האמנתי לראית בטוב אדוני.

ואבים ואן עתר ואהים בשחד יארד
רהי ל שם ד חרב חתית מדריד לנחריד
במטם עדי בני ובן הרשע הפריד
לולא ד צבאות הותיר לני שרד.

ווגה מקונת בטבר פתח ואן גיאל
יֵשׁבת הים ומחלת רחמי אל
כמטט אברה פליטת נלת אריאל
לולא ד שהיה לני יאמר ישראל.

II.

ואשכח את בנה פלח כבד
ואין לי בלעדי זכר לחדה.

Diese zwei Verse (Divan Nr. 9 Z. 23—24) sind trotz der
fünf Erklärungen und der dreifachen Uebersetzung, die sie
gefunden haben, bisher unverstanden geblieben. Die Uebersetzer
haben die Schwierigkeit übergangen, nicht gelöst, so
Geiger (a. a. O. S. 91):

Vergesse sein, den sie mir hat bescheert,
Mein Enkelkind, mein Liebling, mir so werth.

Kämpf (a. a. O. I, 276):

Ihr lieblicher und holder Sohn
Der meines Hauptes Strahlenkron'.

Sulzbach (a. a. O. S. 6):

Tochter mit dem einz'gen Söhnlein,
Pfeilgleich in mir festgesessen.

Luzzato's Erklärung (Divan f. 4 a A. 8) hat Reichersohn (a. a. O.
p. 36) mit Recht angezweifelt, aber eine verfehlte und abenteuer-
liche an deren Stelle gesetzt. Sein Hauptirrthum liegt darin, dass
er die Worte: פלח כבד nur als Ausdruck des Schmerzes und Grames
fassen zu dürfen glaubt (ib. p. 37), während sie in Wahrheit der
Liebe Wehe und der Sehnsucht Thränen bezeichnen. Jede Ver-
wundung der Leber (im bildlichen Sinne) lässt nach orientalischer
Anschauung einen Thränenstrom hervorbrechen, wie Luzzato bereits
richtig die Worte Mose b. Esra's: את צור כבד בבי בקשי erklärt hat
(Ozar Nechmad III, 45). Vgl. Immanuel Romi: אף דם מכבד בבבי דליתי
(Machberet ed. Berlin XIII p. 113), דם כבדו בבבי ישאב XIV p. 122. In
diesem Sinne gebraucht J. H. selbst das Bild in dem Gedichte an
Salomon ibn Krispin (s. Geiger S. 148): ירמוח עינ' כבד יפלח (Ginse
Oxford p. 43), an Lewi al-Taban: תשוקתך מגרשת דמעי הותרת כבד בם ופלח
(Ozar Nechmad II, 83). Dass der Enkel den Namen des lebenden
Grossvaters tragen kann, s. bei Sulzbach a. a. O. S. 115 und ferner,
worauf mich Halberstam hingewiesen hat, Ha-Karmel VI (1867)
S. 376. Vgl. auch Zunz, gesammelte Schriften II, 24. חדה ist das
Räthsel, das die Erinnerung an den geliebten Enkel dem sehn-
süchtigen Dichter zu rathen aufgiebt. Demnach fällt das ganze
Gebäude Reichersohns von dem Apostaten Isak, als dem Sohne Ibn
Esra's und zugleich Enkel J. H.'s zusammen, wie auch Kämpf's
Phantasieen (I, 262) von drei Enkeln J. H.'s der Grundlage ent-
behren. Der Sinn der Verse ist offenbar:

Vergess' den Sohn, der mir die Leber spaltet
Und dess Gedenken mich allein beschäftigt.

III.

Wann J. H. nach Cordova sich begeben habe, ist aus der Angabe
Mose b. Esra's (Anhang I) nicht zu entnehmen. Sicher ist, dass
er als Mann im arabischen Spanien gelebt haben muss, wahrscheinlich am längsten in Cordova, der Metropole אם ססיד, wie
Mose b. Esra sie nennt (Grätz, Blumenlese p. 65). Aus der
unklaren Ueberschrift des Gedichtes I, 352 im מדינה יהדה (Neubauer p. 651) geht jedenfalls hervor, dass J. H. mit Abu Jussuf
ibn Almoallem in Cordova verkehrt hat. Daselbst trägt auch
Nr. 14 (Virgo p. 67): הױבלי פנרים die Ueberschrift: למא כתר אלאלחאח
פי אלבקא פי אלאנדלם (Neubauer p. 649 Nr. 259) Als das Drängen,
in Andalusien zu bleiben, sich mehrte, was nur den Aufenthalt
im arabischen Spanien bezeichnen kann. Divan Nr. 53 ist offenbar
unter muhammedanischem Drucke entstanden. Wenn Luzzato's
Vermuthung (Divan f. 2 a) richtig ist, dass J. H. für einen falschen
Messias in seiner Zeit sich begeistert habe, so wäre vielleicht
hieraus zu schliessen, dass er bereits um 1117 in Cordova gelebt
hat (s. Geiger, Divan S. 159). Kusari III, 10; S. 203 scheint
auf arabische Verhältnisse anzuspielen, da nur unter diesen Juden
nicht zum Militärdienst herangezogen wurden. Vgl. ib. S. 204, wo
die unausgesetzten Plünderungen die Behandlung der Juden durch
die Araber bezeichnen können. Vielleicht darf auch die arabische
Abfassung des Kusari als Beweis für den Aufenthalt unter den
Muhammedanern gelten, woraus sich denn auch die im Munde
eines J. H. unbegreiflich klingenden Aeusserungen über Mangel
an Gewandtheit in hebräischer Prosa im Briefe an David Nar-
boni (Blumenlese p. 92—93): כי איש שמחא מטא אנכי erklären dürften.
Vgl. Rappoport in Parchons Machberet ed. Stern p. XV. Das
Gedicht Ibn Zaddik's an J. H. bei dessen Durchreise in Cordova
(Virgo p. 58, Kämpf I, 273 f.) beweist nichts gegen einen
dauernden Aufenthalt in dieser Stadt, da die Zeit der Abfassung
unbekannt ist und eine Anspielung auf die Wallfahrt nicht darin
vorkommt, J. H. also entweder sich damals in Cordova noch
nicht oder bereits anderswo besetzt haben kann, wie er denn
überhaupt nicht bis ans Ende seines Lebens in Spanien in Cordova gerade gewohnt haben muss. Wir haben auch eine Nachricht, dass er in Cadix gewesen ist. Von hier aus soll er an Juda
ibn Giat und Mose ben Esra nach Granada ein Scherzgedicht
für Purim gerichtet haben: ימרח ר׳ יהדה בן נאת ואבי היה בן שרא דל
אלי נראאסה מן יאריש, wie es in der Ueberschrift von I, 46 im
מהנה ידירה lautet (Neubauer p. 644). Ich lese ואדי אש = Cadix,
vgl. Edrisi II, 50, 52.

IV.

Wir haben in den Aeusserungen J. H.'s (Kusari II, 74, 78 Ende) ein unbestreitbares Zeugniss dafür, dass er in der Zeit, da er mit der Ausarbeitung seines philosophischen Werkes beschäftigt war, einen tiefen Widerwillen gegen die Einzwängung der hebräischen Sprache in arabische Metra empfunden haben müsse. Besonders scheint er es bei religiösen Gesängen, in denen doch die alte Form des Piut der Sprache unverkümmerte Freiheit und volle Entfaltung ihrer Eigenart gestatte, für unverantwortlich zu erklären, wenn auch diese durch erkünstelte Formen vergewaltigt werden (II, 78; S. 180 A. 2 und Luzzato, Divan f. 23a Nr. 64). Bei seiner Art, Gedanken und Empfindungen auch in die That umzusetzen, dürfte von vornherein anzunehmen sein, dass er nie wieder bei synagogalen Gedichten in „den Irrwahn und die Widersetzlichkeit" (II, 74) verfallen sein werde, fremder Metra sich zu bedienen. Dies scheint mir denn auch Salomon Parchon (Machberet ed. Stern f. 5a col. 2) mit den Worten: עשה תשובה לפני מותו שלא יעשה יעשה פיוטים לעילם sagen zu wollen, wenn auch die allgemeine Fassung derselben scheinbar dagegen spricht. Es wäre die beste Bestätigung dieser Annahme, wenn es sich herausstellte, dass wirklich die in die Zeit des Kusari, seiner Entstehung und Abfassung fallenden religiösen Dichtungen von arabischem Metrum frei sind. Und dies glaube ich allerdings wahrgenommen zu haben, wenn ich es auch nur mit der Zurückhaltung auszusprechen wage, die bei dem Mangel an aller Chronologie und unserer immerhin noch beschränkten Kenntniss seiner Poesieen geboten ist. Ich will nur an einigen Beispielen zu zeigen versuchen, dass gerade diejenigen Gedichte des Metrums entbehren, die durch die stärksten Anklänge an den Kusari es wahrscheinlich machen, dass sie mit seiner Entstehungszeit zusammenfallen.

Nr. 64 im Divan erinnert vorzugsweise an Kusari IV, 16 und V, 21. Vgl. meine Attributenlehre S. 238 ff. Die auf die Abstammung der Seele und ihre Sehnsucht bezüglichen Wendungen des Gedichtes spiegeln II, 26; S. 133, I, 103 und 108 wieder. Vgl. meine Attrl. S. 220 A. 205. V, 21 erscheint überhaupt in mehreren Gesängen geradezu umgeprägt und ausgeführt. So in Nr. 65, der Edelperle liturgischer Meisterwerke, wo bei aller Formpracht, Klangfülle, Sangbarkeit und goldenen Reinheit der Reime das Metrum verschmäht erscheint und neben jener Kusaristelle in der dritten Strophe auch IV, 15 wiederklingt. Ebenso gemahnen Nr. 67 und 71 an die leitenden Gedanken jenes Paragraphen. Auch die tiefempfundenen Gebetstücke Nr. 74, 75, 76, die durch

ihr glühendes Verlangen nach Zions Herrlichkeit und durch die
Klagen über Israels Knechtung und Erniedrigung dem Kusari
sich verwandt zeigen, sind von fremdem Metrum frei. Dasselbe
gilt von dem herrlichen Sabbatlied Nr. 79, dessen Uebercin-
stimmung mit den Gedanken des Kusari sich bis zur Gleichheit
der Bilder und Worte erstreckt. Vgl. Z. 11—12 mit Kusari III, 9:
באשר ידמו צורת הצלמים אל צורת בני אדם החיים. Wie wenig aber J. H. am
Abend seines Lebens der Poesie zu entsagen entschlossen war,
wie er vielmehr all seine Kraft der religiösen Dichtung geweiht
zu haben scheint, das beweist das Gedicht an Nathan b. Samuel,
in Damiette verfasst (s. Grätz VI, 165 A. 5) wo er Gott um
Verzeihung dafür anfleht, dass er, statt seinem Preise ausschliesslich,
wie er es gelobt, sich zu widmen, i. Lobliedern auf Menschen
sich ergeht (Virgo p. 88 — 9). In den nicht gerade zu Gebeten
bestimmten Stücken mag er freilich nach wie vor der gewohnten
Metra sich bedient haben. Vgl. den Streit zwischen den Schülern
Dunaschs und Menachems, in welchem J. H. auf Seiten der Letzteren steht, über die Anwendung arabischer Metra im Hebräischen
bei Pinsker, Lickute Kadmoniot p. 59 ff. Dass J. H., besonders
in den Schlüssen mancher Gedichte, auch der castilischen Sprache
sich bedient habe, s. bei Geiger, Divan S. 28, 124, 127, 136, 138
und 141. Als völlig arabisch werden in Luzzato's Verzeichniss
angegeben I, 323 und 334 (Divan p. 12). Eine Uebersetzung
eines arabischen Gedichtes s. bei Geiger a. a. S. 21 und 125.

V.

Nur dadurch, dass man die klaren Aeusserungen übersehen hat,
in denen J. H. die innere Geschichte seines Lebens
niederlegte, hat seine Pilgerfahrt bisher diejenige Beleuchtung nicht
gefunden, die sie in ihr einzig wahres Licht setzt. Schon den
Eingang von Kusari V, 2; S. 371 kann nur ein Mann geschrieben
haben, der nicht von Hause aus zu denen gehörte, welchen der
Glaube von Natur eigen ist, alle Irrlehren fernbleiben, die irrigen
Stellen sofort auffallen אלא אלאפראד יקע להם אלאימאן באלטבע יתגנבו
עגם הזה אלארא בלרא ותקע פי נפסהם ללרין מיאצו אגלימאתהם (nach cod.
Mon. ar. 936). Bezeichnend ist hierfür auch das Lob, mit dem
er Mose ben Esra besungen: ומני מחשבותי מהלך חוץ לפני – נצבחת
(Ozar Nechmad I, 164), dem er auch in der Elegie auf seinen
Tod nachrühmt: ומחזק בתירת האל ומחמר התביעית (Blumenlese p. 91).
Den wichtigsten Aufschluss über die Auswanderung enthält
jedoch Kusari V, 23; S. 431: וכל שבן לם שקדמו לי צוית חהא מבקש
בפרת האלהים וא אפשר לי בקרבנות ... תבנם במכנה, eine Stelle, deren
durchaus persönlicher Charakter bezeugt ist durch die poetische
Wiedergabe, die sie in folgenden Versen des Dichters gefunden hat:

אוף כי שטח	יפ הזקנות
חלימות ומתד	רשות לבקרים
אן ל' תשובה	בסד המשובה
ואנה אני בא	בבן המצרים
אסבן בעצמי	ואשכח אשמ
ונשי ורם	ביד חטא מטרים

(Virgo p. 70). Man begreift jetzt, warum er in seinem Briefe an Nathan ben Samuel in Kairo (ib. p. 114) sich bezeichnet als: ראג על עיני . ותל רטאת נשורי חקוניו oder im Divan Nr. 64 Z. 9 von sich sagt: וחטאת נשורי חיבו את ראשי. Die Pilgerfahrt war das Gelübde, mit dessen Erfüllung er seine Seele zu sühnen hoffen durfte und um dessentwillen er freudig allen Gefahren trotzt, vergl. Virgo p. 68: נבטה ורד בקשות , להקים סבתית ושלם נדרים, ריטל, Divan Nr. 7 Z. 3: איבה אשלם נדרי ואסרי. Darum sagt er von dem Aufenthalt in Damictte, er habe sein Gelübde gebrochen: עד רפית את נדרי ורתירו את אסרי (Virgo p. 115). Es ist durchaus wahrscheinlich, dass er das Ziel seiner Sehnsucht, Jerusalem, nicht erreicht hat. Das Gedicht (Blumenlese p. 109): יפו בטעי כלדרבך entbehrt jeder Anspielung auf die glückliche Erreichung seines Zieles, ist vielmehr ein Piut, dem in der Quelle Kerem Chemed IV, 24 jede Ueberschrift fehlt. Zacuto giebt (Juchasin p. 217 col. 2, 218 col. 1) an, J. H. sei neben Abraham ibn Esra, dagegen p. 219 col. 1, er sei neben R. Jehuda ben Ilai in Zefat begraben. In dem nach Carmoly, Itinéraires p. 419 im Jahre 1537 verfassten Jichus Ha-Abot findet sich p. 453 die Angabe, J. H. sei neben Salomon ibn Gabirol und Abraham ibn Esra in Khabul begraben. Vgl. Zunz, gesammelte Schriften II, 290 A. 2.